Scheidegger
**Umweltbildung**

Bruno Scheidegger

# UMWELTBILDUNG

## PLANUNGSGRUNDLAGEN UND DIDAKTISCHE HANDLUNGSFELDER

der bildungsverlag
www.hep-verlag.com

Bruno Scheidegger
**Umweltbildung**
Planungsgrundlagen und didaktische Handlungsfelder
ISBN Print: 978-3-0355-0718-8
ISBN E-Book: 978-3-0355-0895-6

Umschlaggestaltung und Grafiken: Maison Standard, Bern

Bibliografische Information der Deutschen Nationalbibliothek:
Die Deutsche Nationalbibliothek verzeichnet diese Publikation
in der Deutschen Nationalbibliografie; detaillierte bibliografische
Daten sind im Internet über http://dnb.dnb.de abrufbar.

1. Auflage 2018
Alle Rechte vorbehalten
© 2018 hep verlag ag, Bern
www.hep-verlag.com

# INHALT

| | |
|---|---|
| **Vorwort** | 7 |
| **Dank** | 11 |
| **1 Einleitung** | 13 |
| 1.1 Die Herausforderung | 13 |
| 1.2 Meine Motivation | 15 |
| 1.3 Das Brückenmodell als Antwort | 15 |
| 1.4 Anwendung und Adressierte | 18 |
| **2 Theoretische Fundierung** | 21 |
| 2.1 Grundmodell der Verhaltenserklärung | 21 |
| 2.2 Eignung des Modells als Heuristik und Aussagekraft | 24 |
| **3 Das Brückenmodell** | 27 |
| 3.1 Vom Grundmodell zum Brückenmodell | 27 |
| 3.2 Gewohnheiten als Bildungsziel | 29 |
| 3.3 Handlungsfelder der Dispositionsseite | 29 |
| 3.4 Handlungsfelder der Situationsseite | 30 |
| **4 Didaktische Handlungsfelder** | 33 |
| 4.1 Gewohnheiten | 33 |
| 4.2 Subjektive Realität | 36 |
| 4.3 Wissen | 38 |
| 4.4 Einstellungen | 40 |
| 4.5 Handlungsschemata | 44 |
| 4.6 Training | 47 |
| 4.7 Objektive Realität | 49 |
| 4.8 Handlungsmöglichkeiten | 53 |
| 4.9 Effizienz | 58 |
| 4.10 Anreize | 60 |
| **5 Ansätze für verhaltenswirksame Umweltbildung** | 63 |
| 5.1 Umweltbildung ist Bildung | 63 |
| 5.2 Kontext der Umweltbildung | 64 |
| 5.2.1 Lebenslanges Lernen | 64 |
| 5.2.2 Handlungsorientierte Bildung | 68 |
| 5.3 Interventionen zur Veränderung von Dispositionen | 72 |
| 5.3.1 Didaktisches Prinzip: Lernprozessorientierung | 72 |
| 5.3.2 Didaktisches Prinzip: Kompetenzorientierung | 74 |

      5.3.3  Didaktisches Prinzip: Zielgruppen- und themenspezifische Bildung .................... 78
      5.3.4  Didaktischer Ansatz: Erfahrungslernen ........... 81
      5.3.5  Didaktischer Ansatz: Einstellungsarbeit ........... 83
      5.3.6  Didaktischer Ansatz: Transformatives Lernen ...... 87

**Glossar** ................................................. 91

**Literaturverzeichnis** ...................................... 95

# VORWORT

Die Veröffentlichung des Brückenmodells war Bruno schon länger ein Anliegen. Kurz vor seinem unerwarteten und unfassbaren Tod hat er das Manuskript für dieses Buch vollendet. Es tröstet mich, dass dadurch seine Gedanken Interessierten, wie Ihnen, zugänglich gemacht werden können.

Brunos Sorge um die Natur im Kontext aktueller gesellschaftlicher Entwicklungen war groß. Deshalb engagierte er sich selbst vielseitig in der Umweltbildung. Er war überzeugt vom Nutzen und von der Wichtigkeit einer aktiven Mitwirkung. Mit diesem Buch wollte er einen Beitrag zur nachhaltigen Entwicklung leisten.

Ich weiß, dass sich Bruno über jegliche Verwendung seiner Gedanken freuen würde. Dabei wäre es ihm wichtig, dass das Modell lebendig bleibt, dass es nicht nur angewendet, sondern auch situativ angepasst und weiterentwickelt wird.

Im Gedenken an Bruno wünsche ich Ihnen, dass Sie dieses Buch in Ihrem Handeln unterstützt.

Daniela Pernici, Lebenspartnerin

◆

In der Umweltbildung wurde schon viel darüber nachgedacht, wie ihre Wirkung in Richtung einer nachhaltigen Gesellschaft verbessert werden kann. Immer wieder ist dabei die Rede von einer wenig eindeutigen Beziehung zwischen Wissen und Handeln. Beklagt wird, dass die Bevölkerung zwar in hohem Maße umweltbewusst sei, das einzelne Individuum aber dennoch kaum ein umweltverträgliches Verhalten zeige. An der mehrfach bestätigten Analyse mangelt es also nicht. Es ist aber das erste Mal in der Umweltbildung, dass sich jemand derart systematisch konzeptionelle Gedanken macht, mit welchen didaktischen Lernarrangements die Kluft zwischen Wissen und Handeln auf vielfältige Weise auch tatsächlich überbrückt werden kann.

Die Umweltbildung weist zahlreiche Methodenbücher und passende didaktische Ideen vor, wie die Sensibilisierung für mehr Umweltbewusstsein gelingen kann. Verdienstvoll an Bruno Scheideggers Buch ist, dass er erstmals konkrete Vorschläge unterbreitet, wie Umweltbildnerinnen und Umweltbildner jenseits von individuellen Verhaltensappellen auch Lernumgebungen und Aktivitäten auf der situativen Seite schaffen können. Das Buch liefert Anregungen dazu, das bisher vernachlässigte »didaktische Handlungsfeld« der Situation zu gestalten. Gemeint ist die Befähigung zur »gesellschaftlichen Gestaltungsfähigkeit«. Zwar ist diese Befähigung mittlerweile längst akzeptierter Konsens im wissenschaftlichen Diskurs der Umweltbildung, aber didaktische Handreichungen hinken hinterher.

Brunos Verdienste können deshalb nicht hoch genug eingeschätzt werden. Der Wert seines Buches liegt darin, dass es eine umfassende Sammlung von konkreten und passenden Vorschlägen für eine handlungsorientierte Didaktik ist, die nicht bloß auf den individuellen Transfer hoffen muss, sondern beim Aufbau von Transformationskompetenzen für eine nachhaltige Entwicklung dient. In diesem Sinne gibt es uns für die Planung und Evaluation von Umweltbildungsangeboten eine ganzheitliche Didaktik zur Hand.

Sandra Wilhelm, anders kompetent GmbH

◆

Ich schreibe diese Worte in einer Stimmung von unwilligem Unverständnis und tiefer Trauer, aber auch demütiger Dankbarkeit.

Mein Freund und Kollege Bruno Scheidegger, der Autor dieses Buches, war für unzählige Menschen in der Umweltbildung, Erwachsenenbildung, in der Welt des Kanufahrens und der Outdoor-Education ein Vorbild. Er gehörte einer ganz seltenen Menschenart an: Er war im besten Sinne des Wortes ein praktischer Intellektueller. Er hatte nichts

Abgehobenes; die Menschen und die Welt interessierten ihn handgreiflich.

Aber er war auch ein visionärer Vordenker: Mit seiner ruhigen, präzisen, sorgfältigen und hochkompetenten Art war er nie zufrieden mit schnellen Schein- oder Trendantworten. Er wollte der Sache auf den Grund gehen, sie verstehen und dann erklären können. Ich sehe ihn noch vor mir, wie er nicht lockerließ, als wir für das Positionspapier der Fachkonferenz Umweltbildung – das später für die ganze Umweltbildungsszene der Schweiz zentral wichtig wurde – über den Sätzen brüteten, bis die perfekte Formulierung gefunden war, welche die Komplexität nicht reduzierte, sondern fassbar machte. Auf dieselbe Weise verfuhr er mit dem Rahmenkonzept Umweltbildung für die Schweizer Pärke und Naturzentren, das zu Brunos herausragenden Leistungen gehört. Sein Beitrag zur Umweltbildung der Schweiz kann gar nicht überschätzt werden. Ich weiß, dass die Umweltbildungsszene der Schweiz gemeinsam mit ihm ihre Professionalisierung und fachliche Kompetenz ein gutes Stück hätte vorantreiben können.

Die Tatsache, dass wir sein Buch vor uns haben, erfüllt mich mit Dankbarkeit. In diesen Zeiten, wo wir x-beliebige Meinungen und gegoogeltes Infotainment als Wissen und Verständnis verkennen, kann uns Bruno Scheideggers Buch den nötigen Anstoß geben, genauer hinzuschauen, Komplexität nicht unnötig zu vereinfachen. Sein Handlungsmodell mit dem klaren Fokus auf Handlungsorientierung und reale gesellschaftliche Transformation als alleinige Daseinsberechtigung von Umweltbildung zwingt und erlaubt uns, unsere Bildungsbemühungen in der angemessenen Komplexität wahrzunehmen und entsprechend weiterzuentwickeln.

Bruno Scheidegger ist dieser systemische Tiefenblick gelungen, weil er immer jenseits der üblichen Muster unterwegs war. Er war eben nicht nur Naturwissenschaftler, sondern breit qualifizierter und erfahrener Erwachsenenbildner, Unternehmer, Kanuinstruktor, politisch aktiver Naturschützer, Freund, Berater und Unterstützer. Er war ein kritisch-konstruktiver Stiftungsrat bei SILVIVA, gründete neben der Kanuschule Versam auch die IG Ruinaulta zur Förderung von Schutz und nachhaltiger Nutzung der Vorderrheinschlucht zwischen Ilanz und Reichenau und setzte die Wanderausstellung zum »Lebensraum – Erlebnisraum Ruinaulta« oder den Online-Artenfinder des Projekts Faszinatur von Valendas Impuls um, damit die Menschen diese Naturperle konkret erfahren und verstehen können.

Diese Breite der Erfahrung, der Interessen, aber auch das Herzblut, das darin steckt, machen dieses Buch von Bruno Scheidegger so wichtig: Es ist gesättigt von Erfahrung und geht deswegen über alle reduktionistischen Handlungsmodelle hinaus, die uns bisher in der Umweltbildung zur Verfügung standen. Es leistet aber noch etwas: Es zeigt klar, dass Umweltbildung kein Sonderfall ist, sondern sich einschreibt in die besten gegenwärtigen Bemühungen, Bildung darauf auszurichten, dass wir die Herausforderung »nachhaltige Entwicklung« konstruktiv meistern können.

Dr. Rolf Jucker, Geschäftsleiter SILVIVA – Lernen in und mit der Natur

# DANK

Ohne das hartnäckige Nachfragen, die Rückmeldungen und Diskussionen aus meinem beruflichen und privaten Umfeld wäre diese Publikation nicht entstanden. Am Anfang standen die fragenden Blicke und das teilweise Unverständnis der Umweltingenieure und Umweltingenieurinnen des Studiengangs UI 2003, die mich zur Entwicklung des Brückenmodells animierten. Danach folgten unzählige spannende Diskussionen mit engagierten Menschen aus dem Umfeld der Stiftung Umweltbildung Schweiz und mit meinen Kolleginnen und Kollegen im Zentrum Umweltbildung am Institut für Umwelt und natürliche Ressourcen in Wädenswil. Ihnen allen danke ich für ihre kleinen und großen Beiträge zum Buch. Mein ganz besonderer Dank geht jedoch an Sandra Wilhelm für ihre langjährige unermüdliche Unterstützung sowie an Esther Boder und Jürg Minsch, die mich in der Schlussphase kritisch und ermunternd begleitet haben.

Bruno Scheidegger, im Frühjahr 2017

# 1 EINLEITUNG

> ◆ Alles Einfache ist theoretisch falsch,
> alles Komplizierte ist praktisch unbrauchbar. ◆
>
> Paul Valéry

## 1.1 Die Herausforderung

Umweltbildung ist eine komplexe Sache. Bereits im Wort selbst zeigt sich eine grundsätzliche Schwierigkeit, die sich plakativ zuspitzen lässt: Die Lebensbedingungen auf der Erde werden sich nicht verbessern, solange jeder nur seine Umwelt bilden will, nicht aber sich selbst. Selbstverständlich geht es der Umweltbildung in keiner Weise darum, die Umwelt zu bilden, sondern wie bei jeder Bildung geht es um die Entwicklung von Menschen. Genauer gesagt, um Selbstentwicklung. In ihrem Positionspapier definiert die Fachkonferenz Umweltbildung (2014, S. 5): »Umweltbildung ist der Prozess und das Ergebnis, wenn Menschen bewusst und unbewusst Kompetenzen entwickeln, mit denen sie die Anforderungen des Lebens selbstbestimmt und als Teil einer Gemeinschaft meistern und dabei Mitverantwortung übernehmen für ihre soziale, kulturelle (durch den Menschen gestaltete) und natürliche Umwelt. Umweltbildung fokussiert auf den Erhalt der natürlichen Lebensgrundlagen.« Die Definition enthält zwei Prämissen für die vorliegende Publikation, das Bildungsverständnis und das generelle Ziel von Umweltbildung.

Bildung bezeichnet den individuellen Prozess »sich bilden« und das Persönlichkeitsmerkmal »gebildet sein«. Bildung wird als teils bewusster, teils unbewusster Lernprozess verstanden, der zu Selbstbestimmung, Verantwortung und Teilhabe, kurz zum mündigen Menschen führt. In den Worten des Philosophen Peter Bieri (2005): »Bildung ist etwas, das Menschen mit sich und für sich machen. [...] [B]ilden kann sich jeder nur selbst.« Dieses Bildungsverständnis geht davon aus, dass die Lernenden als mündig und selbstverantwortlich respektiert werden. Klar von Bildung zu unterscheiden ist das Tätigkeitsfeld der Umweltbildner und Umweltbildnerinnen, nämlich von außen an die Lernenden herangetragene Bildungsangebote. Die Angebote ermöglichen Bildung, produzieren sie aber nicht. Die Steuerungsmöglichkeiten für Lehrende bleiben stets indirekt.

Das generelle Ziel von Umweltbildung ist eine erfolgreiche Gesellschaft, in der mündige Menschen zusammenleben und die großen Aufgaben Friede, Erhalt der natürlichen Grundlagen und angemessener Wohlstand für alle gemeinsam und zukunftssicher bewältigen. Für ein solches »gutes Leben« innerhalb der Tragfähigkeit der natürlichen Ökosysteme orientiert sich die Umweltbildung am Leitbild und normativen Rahmen der starken Nachhaltigkeit (Fachkonferenz Umweltbildung, 2014, S. 6). Nachhaltige Entwicklung jedoch ist ein dynamisches Konzept mit teils konkurrierenden Zielsetzungen. Umsetzbare Bildungsziele müssen für jede Entwicklungsaufgabe im Spannungsfeld zwischen individuellen und gesellschaftlichen sowie ökonomischen und ökologischen Interessen stets neu ausgehandelt werden. In der heutigen Zeit, in den demokratischen Gesellschaften des Westens bedingt nachhaltige Entwicklung eine gesellschaftliche Transformation hin zu neuen Formen von Produktion, Reproduktion und gesellschaftlichem Zusammenleben (mehr dazu: Welzer & Sommer, 2014). Dies geschieht nicht nach einem von irgendeiner Autorität verordneten Masterplan, sondern in einem autopoietischen, gesellschaftlichen Prozess durch suchende, sich irrende, lernende, mündige Menschen.

Indirekter Einfluss von Bildungsangeboten, Zielpluralität und ein Bildungsgegenstand, der von naturwissenschaftlichen Umweltthemen über Selbstregulations- und Verantwortungsfähigkeit bis hin zu gesellschaftlicher Gestaltungfähigkeit reicht, machen Umweltbildung zu einem anspruchsvollen didaktischen Betätigungsfeld. Und zu einem äußerst spannenden. Die Aufgabe der Lehrenden in einer so verstandenen Umweltbildung definiert der Erwachsenenbildner Horst Siebert (2000, S. 24) mit seiner Maxime »[Umweltbildung] ist nicht befugt, Antworten auf komplexe politische, ethische oder ökologische Fragen zu geben. Sie kann und sollte eine verantwortliche, lernende Auseinandersetzung mit Komplexität fördern.« Wer diese Aufgabe bewältigen will, muss selbst in einem komplexen System handlungsfähig sein.

## 1.2 Meine Motivation

Als ich 2004 an der Fachhochschule in Wädenswil die spannende Aufgabe übernahm, eine Fachstelle für Umweltbildung aufzubauen, stellte ich mit Erstaunen große Diskrepanzen fest zwischen Grundlagenliteratur, gelebter Umweltbildung in der Praxis und gängigen Lehrkonzepten. Offensichtlich handelte es sich um drei Welten mit nur geringen Überschneidungsflächen. Für den Unterricht war ich auf der Suche nach einer anschaulichen Heuristik, welche die großen Zusammenhänge im Themenbereich aufzeigt. Alle Modelle, die ich finden konnte, hatten Schwachstellen für meinen Einsatzzweck. Entweder waren sie zu theoretisch – damit die Studierenden mit ihnen hätten arbeiten können, hätte ich viel mehr Grundlagenwissen aus unterschiedlichen Disziplinen vermitteln müssen, als mir Lehrzeit zur Verfügung stand –, oder ihre Aussagen widersprachen meinem Fachwissen und meiner Erfahrung. Erklärungsmodelle für Umweltverhalten waren mehrheitlich wissenslastig, und die didaktischen Ansätze zur Förderung von umweltgerechtem Verhalten widersprachen meinen eigenen Erfahrungen aus Sport- und nonformaler Erwachsenenbildung, in der für eine handlungsorientierte Didaktik Emotionen, Fertigkeiten und Handlungskontext der Kognition mindestens gleichgestellt sind. Als größten Mangel empfand ich jedoch die Tatsache, dass beinahe alle gängigen Konzepte aus dem deutschsprachigen Raum Umweltbewusstsein und nicht Umwelthandeln als generelles Bildungsziel definierten.

Das Modell, das ich im Sinn hatte, sollte als Advance Organizer für den Unterricht aufzeigen, wie und unter welchen Bedingungen Bildungsangebote einen Beitrag zu umweltgerechtem Verhalten leisten. Es sollte Antworten auf die immer wieder kursierende Frage geben, wieso Wissen nicht zu Handeln führt.

## 1.3 Das Brückenmodell als Antwort

Ursprünglich hatte ich ein Brückenmodell angedacht, das aufzeigt, wie man vom Wissen zum Handeln gelangt, bis mir bewusst wurde, dass ich einer falschen Fragestellung aufgesessen war. Sie ist genauso falsch wie die Frage, wieso Wollen nicht zu Handeln führt oder wieso Können nicht zu Handeln führt. Harald Welzer (2015, S. 79) konstatiert dazu ganz einfach: »Einsicht dringt meist nicht bis zum Verhalten vor, weil das Verhalten nicht auf Einsicht beruht.« Dasselbe gilt für das Wollen und das Können. Verhalten und Handeln funktionieren nicht eindimensional, sondern sind multifaktoriell bedingt. Mal führt der Lernweg vom Wissen zum Handeln, mal vom Handeln zum Wissen. Die didaktische Fragestellung, die das Brückenmodell beantworten soll, lautet also: Welche Faktoren beeinflussen das Verhalten, und welchen Beitrag können Bildungsangebote leisten, damit Menschen die nachhaltige Entwicklung mitgestalten? Die Kluft liegt nicht zwischen Wissen und Handeln, sondern zwischen Innenwelt und Außenwelt sowie zwischen gestern und heute. Wir haben gestern gelernt, und wir handeln hier und jetzt.

Stellen Sie sich also eine Brücke vor, ein kräftiges Bauwerk aus Steinblöcken und Balken, wie wir sie in weniger entwickelten Regionen zum Teil noch heute antreffen. Auf der Brücke herrscht reger Verkehr, Menschen, Tiere und Fuhrwerke sind in beide Richtungen unterwegs. Ein Trupp Männer und Frauen ist an einer Stelle damit beschäftigt, die Fahrbahn und das Tragwerk auszubessern, ohne den Verkehr weiter zu behindern. Die Menschen sorgen dafür, dass die Brücke ihre Funktion erfüllt und sich den Anforderungen des Verkehrs laufend anpasst.

Die Bücke ist eine Metapher für die Interaktion des Subjekts mit seiner Mit- und Umwelt. Verhalten, Lernen, Bildung sind das Resultat dieser Interaktion zwischen Innen und Außen. Die Fahrbahn der »Gewohnheiten« deutet an, dass unsere Interaktionen vorwiegend von habitualisierten Handlungsmustern getragen werden, und der Fluss symbolisiert die Veränderung. Jedes Verhalten ist in einer historischen Zeit, an einem geografischen Ort und in einem sozialen Umfeld verortet. Die Voraussetzungen für unser heutiges Verhalten haben wir gestern erworben, und was wir im jetzigen Moment lernen, werden wir morgen in einer neuen Situation anwenden. Umweltbildung soll die Menschen zum Ausbruch aus ihrer subjektiven Wirklichkeit anstiften. Ihre Aufgabe erfüllt sie, wenn ein reger Austausch zwischen dem Subjekt und der Welt stattfindet und die Brücke laufend rekonstruiert wird.

### ... alles Komplizierte ist praktisch unbrauchbar

Nach mehr als 45 Jahren Umweltbildungsforschung besteht in der Fachwelt weitgehend Einigkeit zu einigen Rahmenbedingungen und Herausforderungen:

- Umweltbildung ist Teil der Bildung für nachhaltige Entwicklung. Um erfolgreich zu sein, benötigt sie Erkenntnisse aus den Natur- und Geisteswissenschaften. Rein naturwissenschaftliche Zugänge haben sich nicht bewährt.
- Umweltprobleme sind keine objektiven Gegebenheiten. Sie werden von unterschiedlichen sozialen Gruppen und Individuen unterschiedlich wahrgenommen, bewertet und definiert. Die Menschen müssen die Bereitschaft und Fähigkeit entwickeln, sich am »manchmal mühsamen Prozess des Debattierens, Klärens und Verhandelns« zu beteiligen (Kyburz-Graber, Halder, Hügli & Ritter, 2001, S. 241).
- Mehr Wissen oder größere Betroffenheit allein führen nicht zu umweltfreundlicherem Verhalten (vgl. Kuckartz & de Haan, 1996). »Die in vielen Initiativen zur Umweltbildung angelegte implizite Prämisse, vom Wissen über Einstellungen zum veränderten Verhalten zu gelangen, lässt sich empirisch nicht halten« (Bolscho & de Haan, 2000, S. 9).
- Lösungsansätze für Umweltprobleme sind vielschichtig. Sowohl die naturwissenschaftlichen Grundlagen wie Klima oder Biodiversität als auch die Bildungsprozesse für umweltgerechtes Verhalten können nicht durch lineares Denken erfasst werden. Die Lösung von Umweltproblemen ist möglich, wenn die Menschen lernen, mit dieser Komplexität umzugehen und die Relativität von Lösungsansätzen zu ertragen (vgl. Kyburz-Graber et al., 2001).
- Nachhaltige Entwicklung erfordert eine tief greifende Transformation von Wirtschaft und Gesellschaft, die nicht mit den bisherigen Entwicklungsstrategien bewältigt werden kann. Nötig ist ein gesellschaftlicher Suchprozess, für den auch Bildung neue Ansätze finden muss (vgl. WBGU, 2011).

Für die Umweltbildung in der Praxis ergibt sich aus diesen Erkenntnissen eine konstante Herausforderung: die Komplexität der Aufgabe. Sie erfordert ganzheitliche, systemische Bildungsansätze mit Maßnahmen auf mehreren Interventionsebenen. Bei der Planung und Bewertung von Umweltbildungsmaßnahmen ist es oft schwierig, die Übersicht über Wirkungszusammenhänge, sinnvolle Ansatzpunkte und notwendige unterstützende Maßnahmen zu behalten.

**... alles Einfache ist theoretisch falsch**
In der Wissenschaft ist es bei dieser Problemlage üblich, auf Heuristiken zurückzugreifen. Eine Heuristik dient der Orientierung. Sie schafft als Denkmodell Übersicht und macht Beziehungen sichtbar, ohne die Komplexität des Systems zu verleugnen. Das »Brückenmodell der didaktischen Handlungsfelder für verhaltenswirksame Umweltbildung« (siehe Buchklappe) dient in erster Linie der Anschaulichkeit. Als Heuristik erhebt es keinen Anspruch auf Vollständigkeit mit einer wasserdichten Theorie im Hintergrund. Es will gewisse Aspekte in den Vordergrund rücken und das Denken in eine bestimmte Richtung lenken.

Das Brückenmodell ...
- differenziert didaktische Handlungsfelder nach Verhaltensfaktoren;
- vereinfacht die Orientierung in den komplexen Wirkungszusammenhängen;
- zeigt auf, worin die Herausforderung von verhaltensorientierter Bildung liegt;
- erleichtert die Beurteilung der Wirkung von Umweltbildungsangeboten;
- hilft, die Möglichkeiten und Grenzen pädagogischer Einflussnahme zu verstehen;
- ist in aktuellen theoretischen Konzepten zu Verhalten, Lernen und Wissenstransfer verankert, insbesondere in den Theorien der
  - Umweltbildung / Bildung für nachhaltige Entwicklung,
  - Verhaltens-, Lern- und Sozialpsychologie,
  - Bildungswissenschaft,
  - Erwachsenenbildung und des lebenslangen Lernens.

## 1.4 Anwendung und Adressierte

Als Advance Organizer im Unterricht bietet das Brückenmodell den Studierenden eine mentale Landkarte, mit der sie sich das Fachgebiet »Umweltbildung« sektoriell erschließen können, ohne in der Fülle von Begriffen, Theorien und Betrachtungsdimensionen den Blick auf das Wesentliche zu verlieren, nämlich auf den handelnden Menschen und seine Alltagsrealität.

Bei der Planung und Evaluation von Umweltbildungsangeboten dient das Brückenmodell der Zielgruppen- und Umfeldanalyse. Es hilft mit, das Wirkungspotenzial eines Angebots realistisch einzuschätzen. Es erlaubt, eine Bildungsstrategie zu entwickeln, die alle wichtigen Verhaltensfaktoren berücksichtigt, und es weist den Weg zu passenden didaktischen Ansätzen für die Bildungsarbeit.

Das Brückenmodell dient der subjektiven Theoriebildung, denn Lernen ist mit dem Studium nicht abgeschlossen, es findet in der Praxis seine Fortsetzung und Vertiefung. Die Reflexion von Berufserfahrungen anhand der Heuristik soll Fragen aufwerfen, Zustimmung und Widersprüche erzeugen, bisherige Gewissheiten in einem neuen Licht erscheinen lassen. Gespiegelt an der eigenen Erfahrung, lassen sich die Implikationen des Brückenmodells immer wieder neu interpretieren. Die kritische Auseinandersetzung mit der Gültigkeit des Modells führt zu neuen Einsichten und Erkenntnissen.

Nicht zuletzt richtet sich das Brückenmodell an alle, die sich mit den Wirkungszusammenhängen in der verhaltensorientierten Bildung befassen. In der vorliegenden Publikation werden diese Zusammenhänge am Beispiel der Umweltbildung aufgezeigt. Das Brückenmodell gilt jedoch für jede Art von verhaltensorientierter Bildung, wie Gesundheitsbildung oder Bürgerbildung, indem es systemisch vernetzte Wirkungszusammenhänge grafisch vereinfacht und auf ein Grundmodell für menschliches Erleben und Verhalten zurückführt.

# 2 THEORETISCHE FUNDIERUNG

◆ Jedes Verhalten resultiert aus einer Wechselwirkung
von Person und Umwelt. ◆

Kurt Lewin

## 2.1 Grundmodell der Verhaltenserklärung

Das Brückenmodell basiert auf dem »psychologischen Grundmodell zur Beschreibung und Erklärung von menschlichem Verhalten« von Hans-Peter Nolting und Peter Paulus (1999). Die Autoren ordnen die Verhaltensfaktoren in fünf Bereiche und stellen diese auf drei Ebenen dar (vgl. Abbildung 1). Sie wählen als Ausgangspunkt das von außen beobachtbare Verhalten einer Person in einer bestimmten Situation. Die erste Ebene des Grundmodells beschreibt das Verhalten und die dazugehörigen inneren Prozesse. Die zweite Ebene fragt nach den personalen Dispositionen und situativen Bedingungen, die diese aktuellen Prozesse im Zeitpunkt des Verhaltens beeinflussen. Die dritte Ebene schließlich umfasst die Entwicklungsbedingungen, unter denen sich die aktuellen personalen Verhaltensfaktoren entwickelt haben.

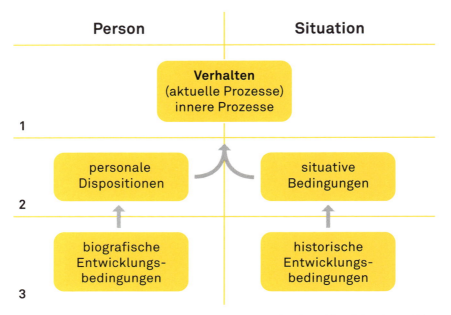

Abbildung 1: Grundmodell der Verhaltenserklärung (nach Nolting & Paulus, 1999, S. 38 ff.)

**Ebene 1: aktuelle Prozesse**

Die erste Ebene des Grundmodells beschreibt das Verhalten einer Person in einer konkreten Situation und bringt es mit ihrem Erleben in Verbindung. Die Fragestellung lautet: Welche inneren und äußeren Prozesse spielen sich bei der handelnden Person ab, und wie hängen diese zusammen? Während das Verhalten von Dritten beobachtet werden kann, sind die inneren Prozesse primär der handelnden Person selbst mehr oder weniger zugänglich. Es sind Wahrnehmungen, Gefühle, Motivationen und Gedanken. Ein Teil davon ist der handelnden Person bewusst, ein Teil bleibt unbewusst und entzieht sich einer Beschreibung weitgehend.

**Beispiel:** Adrian M. steigt am Morgen ins Auto und fährt zur Arbeit (beobachtbares Verhalten). Die folgenden inneren Prozesse könnten sich bei ihm abspielen: Adrian trifft eine rationale Entscheidung, heute nicht den öffentlichen Verkehr zu benutzen, dabei meldet sich bei ihm zwar ein schlechtes Gewissen, aber er bleibt bei seiner Entscheidung (innere Prozesse). Während das Resultat der rationalen Entscheidung im Verhalten sichtbar wird, bleibt das schlechte Gewissen vorerst verborgen.

## Ebene 2: Disposition und Situation

Die zweite Ebene des Modells untersucht, welche personalen Dispositionen und welche situativen Bedingungen die inneren Prozesse und das Verhalten im Moment des Handelns beeinflussen (vgl. Abbildung 1). Zu den Dispositionen gehören sämtliche Persönlichkeitsmerkmale wie Wahrnehmungs-, Deutungs- und Handlungsmuster, Wissen, Einstellungen, Absichten, die momentane körperliche und psychische Verfassung und die momentan verfügbaren Fähigkeiten und Fertigkeiten. Die situativen Bedingungen setzen sich aus den materiellen, räumlichen, zeitlichen und weiteren äußeren Gegebenheiten zusammen. Auch momentane Einflüsse von Mitmenschen gehören zu den situativen Faktoren, kurz: sämtliche Bedingungen und Ereignisse, die außerhalb der handelnden Person liegen und einen Einfluss auf das beobachtete Verhalten haben.

Um das Verhalten einer Person zu erklären, müssen wir somit neben den aktuellen inneren Prozessen auch ihre zum Zeitpunkt des Verhaltens vorhandenen Dispositionen und die sie beeinflussenden äußeren Bedingungen kennen.

**Beispiel:** Adrian M. steht unter Zeitdruck: Ein wichtiger Geschäftstermin steht kurz bevor. Ein Wagen steht in der Tiefgarage zur Verfügung (situative Bedingungen). Adrian M. ist pflichtbewusst, kann Auto fahren, findet es wichtig, einen persönlichen Beitrag gegen die Luftverschmutzung zu leisten, und benutzt normalerweise aus Überzeugung den öffentlichen Verkehr (Dispositionen). An diesem Morgen überwiegen bei Adrian M. offenbar die situativen Bedingungen, und er entschließt sich dazu, das Auto zu benutzen. Die Dispositionen erklären jedoch zusätzlich zum beobachtbaren Verhalten sein schlechtes Gewissen. ◆

## Ebene 3: Biografie und Situationsentwicklung

Die dritte Ebene erklärt die personalen Dispositionen aus der Biografie einer Person. Dispositionen entwickeln sich durch biologische Reifung und Lernprozesse, in der steten Auseinandersetzung mit der Umwelt. Sie enthalten die Essenz aus allen erfahrenen Situationen bis zum aktuellen Lebenszeitpunkt. Damit sind Dispositionen das Resultat der genetischen Voraussetzungen und der Erfahrungsmöglichkeiten, die sich einer Person im Lauf ihres bisherigen Lebens geboten haben, beziehungsweise der Erfahrungsmöglichkeiten, die sie sich selbst gesucht hat. Auf der Situationsseite des Modells (vgl. Abbildung 1, rechts) ist auf der dritten Ebene entsprechend die außerhalb der Person liegende Vorgeschichte der Verhaltenssituation angesiedelt. Dazu gehören sowohl die aktuelle Entwicklung der materiellen, räumlichen, zeitlichen und sozialen Bedingungen als auch die Geschichte und Kultur, in die das gezeigte Verhalten eingebettet ist.

**Beispiel:** Adrian M. ist in einer Familie aufgewachsen, die individuelle Verantwortung hoch bewertet. Pünktlichkeit und Zuverlässigkeit am Arbeitsplatz sind ihm heute wichtig. Als langjähriger Mieter in einer verkehrsbelasteten Straße kennt er die Auswirkungen von Lärm und Luftverschmutzung aus persönlicher Erfahrung und möchte etwas zur Verbesserung der Lebensbedingungen in seinem Umfeld beitragen. Diese biografischen Entwicklungsbedingungen erklären die Dispositionen, aus denen sich sein Dilemma im Verlauf der rationalen Entscheidung zu Beginn des Beispiels ergeben hat. ◆

## 2.2 Eignung des Modells als Heuristik und Aussagekraft

Für die Planung von verhaltenswirksamen Bildungsangeboten benötigen wir Annahmen darüber, welche Faktoren für ein bestimmtes Verhalten relevant sind. Darauf aufbauend, können wir Lernprozesse bestimmen, die zur Veränderung dieser Faktoren beitragen, sowie Lernziele und Lernarrangements wählen, die geeignet sind, die Lernprozesse in Gang zu setzen. Auf Annahmen sind wir angewiesen, da weder die Bildungswissenschaft noch die Psychologie ein übergreifendes Theoriegebäude bereitstellt, aus dem sich menschliches Verhalten mit relativer Sicherheit vorhersagen lässt. Vielmehr existieren zahlreiche Theorien und Ansätze nebeneinander. Alle erklären Teilaspekte und haben sich in der Praxis für die Lösung bestimmter Probleme in einem bestimmten Kontext bewährt. In dieser theoretischen Vielfalt bietet das Grundmodell von Nolting und Paulus (1999) eine willkommene Orientierung. Es hat für die Planung und Beurteilung von verhaltensorientierter Bildung mehrere Vorteile.

Das Grundmodell sieht das beobachtbare Verhalten als einigermaßen eindeutigen Fixpunkt, von dem aus die komplexen inneren Prozesse erschlossen werden. Gleichzeitig dient das Verhalten als einigermaßen messbares Ziel der Bildungswirkung. Die Relativierungen »einigermaßen« sind dabei wichtig, da verhaltensorientierte Bildung praktisch nie mit Gewissheiten operiert, sondern mit Annahmen und Wahrscheinlichkeiten. Die Orientierung am Fixpunkt »beobachtbares Verhalten« ermöglicht eine wissenschaftsbasierte Überprüfung von Bildungsplanung und Bildungsergebnissen trotz dieser Unschärfe.

Ein weiterer Vorteil liegt in der relativen Theorieunabhängigkeit des Grundmodells. Es strukturiert das psychische System unabhängig von den Deutungsansätzen der unterschiedlichen psychologischen Richtungen. Über die Grundstruktur mit den fünf Aspekten und drei Erklärungsebenen herrscht in der Fachwelt weitgehend Konsens. Nolting und Paulus (1999, S. 40) bemerken dazu: »Der eigentliche Gegenstand der [psychologischen] Forschung und der wissenschaftlichen Kontroversen sind nicht die vorgestellten Aspekte als solche, sondern ihre inhaltliche Ausfüllung und Gewichtung.«

Die Unterscheidungen, die das Grundmodell trifft, zwischen inneren und äußeren sowie aktuellen und historischen Verhaltensfaktoren, ermöglicht unter anderem die Differenzierung von Lernprozessen. Je nach Bildungsanliegen und Zielgruppe stehen uns für die Planung geeigneter Lernarrangements Ansätze aus sehr unterschiedlichen Theoriegebäuden zur Verfügung, um diese Prozesse anzustoßen. Wollen wir ein problematisches Einkaufsverhalten beeinflussen, können wir uns sowohl bei der behavioristischen als auch bei der ökologischen Psychologie bedienen, ohne uns um die theoretische Vereinbarkeit der Ansätze vertieft zu kümmern. Die Orientierung am beobachtbaren Verhalten stellt sicher, dass wir trotz Lücken im Theoriegebäude letztlich unser Bildungsziel erreichen. Zu diesem aus Sicht der empirischen Wissenschaft problematischen Vorgehen schreibt der emeritierte Berner Psychologieprofessor August Flammer (2003, S. 268): »Da viele Theorien spezifische starke Seiten haben, sollte man alle diese nutzen können. Eklektizismus und Kombinationismus liegen den modernen Sozialwissenschaften sehr. Vor allem Praktiker [...] berichten oft, mit einer geeigneten Kombination von Schulen [...] gute Erfahrungen zu machen.«

Gegenüber älteren, aber immer noch gängigen Erklärungsmodellen für Umwelthandeln, wie die »theory of planned behavior« von Martin Fishbein und Izec Ajzen (2010), erweitert das Grundmodell von Nolting und Paulus den Blick auf die äußeren, die Situations-Aspekte von Verhalten und auf die zumeist unbewusste Handlungssteuerung. Beide werden in älteren Modellen entweder ausgeblendet oder fließen nur indirekt in die Verhaltenserklärung ein.

Die situativen Faktoren werden den personalen Faktoren oft zu Unrecht untergeordnet. Zur Bedeutung der Situation schreiben Nolting und Paulus (1999, S. 41): »Menschen neigen dazu, das aktuelle Verhalten anderer Menschen vornehmlich aus deren ›Person‹, aus ihren ›Eigenschaften‹ zu erklären, und Situationseinflüsse zu übersehen oder wenig zu beachten. Das heißt: Sie bevorzugen subjektive Erklärungen (Attributionen) wie ›X ist egoistisch‹ [...] selbst dort, wo Zeitdruck, Anweisungen, finanzielle Anreize und andere situative Faktoren eigentlich offensichtlich sind und, wie Experimente [...] zeigen, das Verhalten tatsächlich weit stärker steuern als die individuellen Dispositionen.«

Zur unbewussten Handlungssteuerung schreibt Izec Ajzen auf seiner Website (Ajzen, 2016): »Relation between Intentions and Actions: Being hypothetical, intentions tend to overestimate readiness to perform desirable behaviors and underestimate readiness to perform undesirable behaviors.« Das Vorhandensein von Verhaltensabsichten allein genügt offensichtlich nicht, um ein Verhalten zu erklären. Wir handeln oft auch gegen unsere erklärten Absichten, ein bestimmtes Verhalten zu ändern. Ein möglicher Faktor für diese Handlungsweise sind eingeschliffene Gewohnheiten (Habitualisierungen). Dazu schreibt Ajzen weiter: »Automatic/Habitual versus Reasoned Behavior: Although incorporating automatic processes, the theory of planned behavior generally assumes reasoned processes underlying attitudes and actions. In contrast, strong and unmediated links between prior and later behavior imply habituation in a process that bypasses intentions« (ebd.). Verhalten in einer aktuellen Situation ist offensichtlich nicht allein durch bewusste Entscheide und begründete Absichten gesteuert, sondern ebenso durch unbewusste, eingeschliffene Verhaltensmuster.

# 3 DAS BRÜCKENMODELL

## 3.1 Vom Grundmodell zum Brückenmodell

Die Entwicklung des Brückenmodells ging von der Frage aus: Wie kann Handeln durch Bildungsangebote beeinflusst werden? Die Antwort liegt offenbar weit tiefer als im bloßen Vermitteln von Wissen und im Versuch, bewusste Entscheidungen zu beeinflussen. Wenn das Verhalten von Menschen durch die Wechselwirkung von situativen und personalen Faktoren gesteuert wird, müssen bei der Bildungsplanung Disposition und Situation gleichermaßen berücksichtigt werden. Und wenn Handeln häufig durch unbewusste Prozesse geleitet wird, müssen präkognitive Dispositionen ebenso einbezogen werden wie Wissen und bewusstes Denken. Das Brückenmodell für verhaltenswirksame Umweltbildung beschreibt, aufbauend auf dem Grundmodell von Nolting und Paulus (vgl. Abbildung 1), in welchen Bereichen sich didaktische Handlungsfelder für eine verhaltensorientierte Bildungsplanung öffnen.

Handeln enthält mindestens einen Gegenwartsaspekt, an dem innere Prozesse und das beobachtbare Verhalten beteiligt sind, einen Dispositionsaspekt, der die Voraussetzungen und die momentane Verfassung der handelnden Person betrifft, sowie einen Situationsaspekt, in dem die Umwelt die handelnde Person und ihr Verhalten beeinflusst. Das Brückenmodell übernimmt diese Struktur und gruppiert für die beiden Seiten »Person« und »Situation« die wichtigsten Verhaltensfaktoren zu didaktischen Handlungsfeldern. Die Gruppierung folgt zwei Fragen: Sind die Faktoren durch Bildungsangebote beeinflussbar? Und: Welche

Faktoren müssen angesprochen werden, damit sich eine Wirkung im Verhalten einer Person zeigen kann? Die Metapher der Brücke greift die Erkenntnis auf, dass Bildung in einem fortwährenden Austauschprozess zwischen Ich und Umwelt entsteht. Ziel von Bildungsangeboten ist es, diesen Austausch anzuregen und auf eine didaktische Intention hin zu organisieren.

Die Brückenelemente, das heißt die didaktischen Handlungsfelder, unterscheiden sich in den Rahmenbedingungen für Lehren und Lernen, denn Wissensaufbau folgt beispielsweise anderen Regeln als das Einüben von Fertigkeiten. Zusätzlich gruppieren die Brückenelemente die Verhaltensfaktoren so, dass sichtbar wird, welchen Beitrag eine einzelne Bildungsmaßnahme auf dem Weg zu umweltgerechtem, nachhaltigem Verhalten leisten kann. Die verfolgten Bildungsansätze können in jedem didaktischen Handlungsfeld aus einem unterschiedlichen Theoriegebäude stammen, solange sie einen erkennbaren Beitrag zum gewünschten Verhalten leisten.

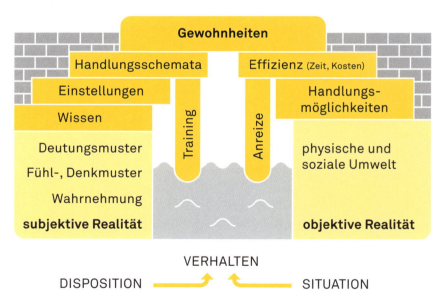

Abbildung 2: Brückenmodell der didaktischen Handlungsfelder für verhaltenswirksame Umweltbildung

## 3.2 Gewohnheiten als Bildungsziel

Das übergeordnete Wirkungsziel von Umweltbildung ist eine nachhaltige Gesellschaft, die sich innerhalb der ökologischen Tragfähigkeit des Planeten Erde entwickelt. Nachhaltigkeit bedingt, dass Menschen in ihrem Alltag so handeln, dass sich weltweit ein zukunftsfähiges ökologisch-sozial-ökonomisches Gleichgewicht einstellen kann. Nachhaltigkeit basiert, auf der Ebene des Individuums, auf Verhaltensmustern. Entsprechend heißt das oberste Element des Brückenmodells – die belastbare Fahrbahn der Brücke – »Gewohnheiten«. Es benennt somit das übergeordnete Bildungsziel von Umweltbildung auf individueller Ebene. Nachhaltige Entwicklung kann nicht dem Individuum allein übertragen werden. Sie ist nur möglich, wenn sich Kommunen, Staaten, Wirtschaftsunternehmen so organisieren, dass nachhaltiges Verhalten für das Individuum Sinn ergibt. Trotzdem ist es letztlich der handelnde Mensch, der die Gegenwart und die Zukunft gestaltet. Bildungsziel ist daher nicht ein einmaliges Verhalten, Bildungsziele sind vielmehr alltägliche Handlungsgewohnheiten. Das Alltagsverhalten wird mehrheitlich von eingeschliffenen und weitgehend unbewussten Handlungsroutinen geprägt. In Situationen, die eine erhöhte Aufmerksamkeit erfordern, kommen bewusste Entscheidungen dazu. Diese folgen jedoch selbst wiederum typischen individuellen Mustern. Gewohnheiten haben sich im Lebenskontext einer Person als viabel, im Sinne von brauchbar und akzeptiert, erwiesen. Sie sind daher sehr stabil und gelten in der Psychologie als zuverlässigstes Vorhersagekriterium für das Verhalten in einer bestimmten Situation, zuverlässiger als beispielsweise das Umweltbewusstsein einer Person.

## 3.3 Handlungsfelder der Dispositionsseite

Die Dispositionsseite umfasst die fünf didaktischen Handlungsfelder »subjektive Realität«, »Wissen«, »Einstellungen«, »Handlungsschemata« und »Training«. Die »subjektive Realität« bildet das Fundament auf der Dispositionsseite der Brücke und ist damit direkt der »objektiven Realität« – als Fundament auf der Situationsseite – gegenübergestellt. Das Handlungsfeld »subjektive Realität« enthält sämtliche personalen Verhaltensfaktoren, die sich nicht den restlichen Handlungsfeldern der

Dispositionsseite zuordnen lassen, insbesondere aber die individuelle Art einer Person, die Welt zu erkennen, zu erleben und erklären (Wie-Dispositionen). Zum Feld »Einstellungen« gehören die Warum-Dispositionen, die für das Wollen verantwortlich sind, während das Element »Handlungsschemata« die Womit-Dispositionen als Voraussetzung für das Können einschließt. Die »Handlungsschemata« werden durch das Element »Training« gestützt. Als eigenes didaktisches Handlungsfeld erinnert es daran, dass Handlungsschemata erst durch Wiederholung automatisiert und ins Alltagshandeln übernommen werden.

Obwohl im Brückenmodell auf der Dispositionsseite ein scheinbarer Aufbau vom Wissen über das Wollen und Können zum Handeln angelegt ist, darf daraus keinesfalls auf eine vorgegebene Reihenfolge von Lernschritten geschlossen werden. Die Existenz einer solch linearen Verknüpfung ist aus wissenschaftlicher Sicht nicht haltbar. Vielmehr sind alle Elemente in systemischer Weise miteinander verknüpft und beeinflussen sich gegenseitig. So wirkt beispielsweise Lernen im Bereich »Handlungsschemata« automatisch auch auf Einstellungen. Es festigt oder verändert sie. Gleichzeitig können sich Wahrnehmungsmuster im Handlungsfeld »subjektive Realität« und Wissensbestände im Handlungsfeld »Wissen« verändern. Dies lässt sich an folgendem Beispiel veranschaulichen: Im Jugendsolar-Projekt von Greenpeace erstellen Jugendliche Solaranlagen für ihr Schulhaus. Sie lernen durch aktives Tun, wie man eine solche Anlage erstellt (Handlungsschemata), und erwerben gleichzeitig Wissen zum Thema Solarenergie. Die Tätigkeit wird ihre Einstellung zur solaren Energieproduktion beeinflussen, und es ist zu erwarten, dass sie aufmerksamer dafür werden, wo schon überall Solaranlagen in Betrieb sind (Wahrnehmungsmuster). Didaktische Planung kann folglich in jedem Handlungsfeld beginnen. Bildungsarbeit im einen Bereich berührt immer auch personale Faktoren in den anderen Handlungsfeldern, beeinflusst sie oder bedient sich ihrer als Referenz.

## 3.4 Handlungsfelder der Situationsseite

Verhalten ist abhängig vom Kontext und von der aktuellen Situation, in der es auftritt. Ohne Einbezug von künftigen Anwendungssituationen in die didaktische Planung ist verhaltenswirksame Umweltbildung folglich nicht machbar. Es lässt sich argumentieren, Bildung könne nur Dispositionen verändern, das heißt die Fähigkeit und Bereitschaft, sich auf eine bestimmte Art zu verhalten. Die situativen Faktoren hingegen lägen außerhalb der Reichweite und folglich außerhalb der Verantwortung geplanter Bildungsmaßnahmen. Doch diese Eingrenzung greift zu kurz. Es wird ausgeblendet, dass sich Dispositionen nicht unabhängig von der umgebenden Welt entwickeln. Das Individuum wirkt auf die Welt ein, und die Welt wirkt auf das Individuum zurück. Nicht irgendwelche unabhängigen Bildungsinhalte, sondern diese Wechselwirkung ist es, die den Menschen formt. Durch die Gestaltung der Welt schafft der Mensch Wirklichkeiten, die wiederum seine Dispositionen und sein Verhalten formen. In der stetigen Interaktion mit der Außenwelt werden die Dispositionen reproduziert und gefestigt. Bildungsplanung kann sich nicht nur um Denken, Fühlen, Handeln kümmern. Sie muss die Gestaltung der situativen Faktoren als »conditio sine qua non« und damit als Zielbereich und als makrodidaktisches Handlungsfeld begreifen.

Die Situationsseite des Brückenmodells unterscheidet die vier didaktischen Handlungsfelder »objektive Realität«, »Handlungsmöglichkeiten«, »Effizienz« und »Anreize«. Das Element »objektive Realität« umschließt die physische und soziale Umwelt, wie sie sich einer Person als Handlungsrahmen darbietet. Es umfasst sämtliche Situationsfaktoren, die nicht in den anderen drei Elementen der Situationsseite enthalten sind. Das Element »Handlungsmöglichkeiten« enthält die zur Verfügung stehenden Verhaltens- und Handlungsangebote, während das Handlungsfeld »Effizienz« das Verhältnis von Aufwand und Ertrag berücksichtigt. Fehlende Verhaltensangebote oder ein übermäßiger Aufwand sind geeignet, ein erwünschtes Verhalten trotz vorhandenen positiven Dispositionen zu verhindern. Das Handlungsfeld »Anreize« schließlich umfasst alle Maßnahmen, die ein bestimmtes Verhalten durch extrinsische Motivation zu fördern versuchen.

Die Berücksichtigung der Situationsseite des Brückenmodells hat einen Einfluss auf makrodidaktische Entscheide, zum Beispiel, für welche Zielgruppen und in welchem institutionellen Rahmen Bildungsmaßnahmen angeboten werden, sowie auf die mikrodidaktische Planung bei der Wahl der Lernziele, Inhalte und Methoden, die den Transfer des Gelernten in den Alltag sicherstellen sollen.

# 4 DIDAKTISCHE HANDLUNGSFELDER

## 4.1 Gewohnheiten

Im Brückenmodell umfasst das didaktische Handlungsfeld »Gewohnheiten« alle Bildungsmaßnahmen, die von einem eingeübten Verhalten über situationsbezogene Variationen zu stabilen Gewohnheiten im Alltag führen (vgl. Abbildung 3). Im Gegensatz zum im Brückenmodell weiter unten beschriebenen Feld »Training« geht es bei den Gewohnheiten nicht um die Verbesserung und das Einschleifen einzelner Handlungsschemata, sondern um die Festigung und gleichzeitige Flexibilisierung von Verhalten unter unterschiedlichen Alltagsbedingungen.

Abbildung 3: Gewohnheiten – in konkreten Lebenssituationen habitualisiertes Verhalten

Alltagshandeln ist nicht eine Abfolge bewusst getroffener und mit voller mentaler Präsenz umgesetzter Entscheide. Solch geplantes Verhalten ist Situationen vorbehalten, die eine erhöhte Aufmerksamkeit erfordern. Für routinemäßiges Handeln wäre es zu ineffizient. Im Alltag treffen wir häufig unbewusste Entscheide und handeln spontan entlang von automatisierten Mustern. Dabei greifen wir auf gut eingespielte, vielfach bewährte Handlungsroutinen zurück, die wir ohne große Anstrengung variieren und an die momentanen Erfordernisse anpassen. Solche Gewohnheiten sind durch hundertfache Wiederholung automatisiert, sie sind durch Erfahrungen in unterschiedlichen lebensweltlichen Kontexten flexibilisiert und stehen spontan zur Verfügung. Am Beispiel von Adrian M. aus Abschnitt 2.1 wird jedoch ersichtlich, dass sich aus einer Gewohnheit (Benutzen des öffentlichen Verkehrs) noch kein garantiertes Verhalten (Verzicht auf das Auto) ableiten lässt. Auch bei stabilen Gewohnheiten führt in jeder einzelnen Situation bewusstes und unbewusstes Ausbalancieren von unterschiedlichen Einflussfaktoren zum konkreten Verhalten.

**Beispiel:** In einem Kurs hat sich Hanna K. mit Grundsätzen und Möglichkeiten nachhaltiger Ernährung auseinandergesetzt. Am Schluss des Kurses hat sie den Vorsatz gefasst, in Zukunft saisonale, regional und biologisch produzierte Lebensmittel zu bevorzugen. Im didaktischen Handlungsfeld »Gewohnheiten« kann es nun darum gehen, ihr Einkaufsverhalten umzustellen. Dieser Lernschritt kann nur im Alltag – mit seinen vielfältigen Anforderungen, Ablenkungen und möglichen gegenläufigen Interessenlagen – vollzogen werden. Er erfolgt in der Regel im Modus des selbstgesteuerten oder des unbewussten Lernens (vgl. Abschnitt 5.3.1). ◆

Damit sich stabile Gewohnheiten herausbilden, müssen alle Elemente des Brückenmodells zu einer »tragenden Einheit« verbunden werden. Didaktische Planung und Lenkung haben, im Rahmen ihrer Möglichkeiten, dafür zu sorgen, dass ein erwünschtes Verhalten positiv verstärkt und in der »subjektiven Realität«, dem Wirklichkeitsbild der Lernenden, möglichst vielseitig verankert wird. Es soll im lebensweltlichen Kontext als sinnvoll und brauchbar erfahren werden.

## Typische Lernaktivitäten zur Bildung von Gewohnheiten
- Learning by Doing (problemlösendes Lernen, Lernen am Effekt)[1]
- Unbewusste Aneignung und Routinebildung durch Sozialisation (Lernen am Modell)
- Wiederholung und Variation zur Erhöhung der situativen Flexibilität
- Kommunikative und reflexive Auseinandersetzung mit dem Alltagsverhalten, mit möglichen Widerständen und Lösungswegen

## Typische didaktische Aufgaben
- Erfahrung ermöglichen und zulassen
- Erfolgserlebnisse ermöglichen durch Bestätigung und Verstärkung von erwünschtem Verhalten
- Anerkennung schaffen im engeren sozialen Umfeld und in der Öffentlichkeit
- Vorbilder und Rollenmodelle als Verstärker einsetzen
- Kommunikation und Reflexion anstoßen

Abbildung 4: Handlungsfelder der Dispositionsseite des Brückenmodells

---

1   Einteilung der Lernprozesse gemäß Nolting und Paulus (1999, S. 69 ff.), vgl. auch Abschnitt 5.3.1.

## 4.2 Subjektive Realität

Im Element »subjektive Realität« sind die Dispositionen zusammengefasst, die das Wirklichkeitsbild einer Person ausmachen. Ihre individuelle Art, zu erleben, zu erkennen und zu erklären. Wichtige Verhaltensfaktoren in diesem Handlungsfeld sind die individuellen Wahrnehmungs-, Fühl- und Denkmuster. Sie beschreiben, wie die Psyche aus körperlichen/organischen Signalen Informationen erzeugt, diese verarbeitet und handlungsleitend nutzt. Wahrnehmungsmuster steuern, welche Ausschnitte der Welt über die Sinnesorgane und welche Informationen über uns selbst via Körperempfindungen Eingang in unsere innere Realität finden. Fühl- und Denkmuster wirken zum einen als Filter. Sie legen fest, welche Informationen wir aus wahrgenommenen Reizen erzeugen, welche Reize und Informationen vom Gehirn beachtet und wie diese emotional und kognitiv verarbeitet werden. Zum anderen bestimmen sie, wie wir die erzeugte Information interpretieren, wie wir sie in unser Selbst- und Weltbild integrieren und gegebenenfalls, wie wir daraus eine Handlungsabsicht entwickeln. Handlungsmuster schließlich lenken die Art und Weise, wie wir aktiv auf die Welt einwirken, sei es als Reaktion auf eine Situation oder intrinsisch motiviert aus eigenem Antrieb. Die Handlungsmuster werden im Brückenmodell dem Element Handlungsschemata zugerechnet (vgl. Abschnitt 4.5).

Die Muster sind eng mit grundlegenden Persönlichkeitsmerkmalen verwoben. Das in der Psychologie verbreitete »Fünf-Faktoren-Modell« (Zimbardo & Gerrig, 2004, S. 607) geht von fünf Dimensionen aus, anhand deren Ausprägung sich die Persönlichkeit jedes Menschen beschreiben lässt. Es unterscheidet Extraversion, soziale Verträglichkeit, Gewissenhaftigkeit, psychische Stabilität und Offenheit für neue Erfahrungen. Diese Persönlichkeitsmerkmale beeinflussen das Verhalten und Erleben einer Person. Sie sind wie die oben beschriebenen Muster teils biografisch erworben, teils genetisch angelegt und damit für Lernprozesse nur zum Teil zugänglich. Welche Anteile der subjektiven Realität für Lernprozesse erschlossen werden können, erklärt unter anderem der Deutungsmusteransatz aus dem Konstruktivismus (vgl. Arnold & Siebert, 2003). Er beschreibt das Wirklichkeitsbild einer Person als eine Summe von Deutungen. Diese sind in Lernprozessen, innerhalb des vorgegebenen Rahmens individueller Muster und Persönlichkeitsmerkmale, erworben und damit für weitere Lernprozesse prinzipiell zugänglich. Eine nützliche theoretische Grundlage für die didaktische Arbeit im Handlungsfeld »subjektive Realität« findet sich im Konzept der transformativen Bildung (vgl. Mezirow, 1997) (vgl. Abschnitt 5.3.6).

**Typische Verhaltenshürden**
Da in den Elementen des Brückenmodells verhaltensrelevante Faktoren zusammengefasst sind, können ihnen auch typische Hürden für umweltverantwortliches Handeln zugeordnet werden. Im Handlungsfeld »subjektive Realität« sind dies:
- Wahrnehmungsmuster, die das Erkennen von Problemlagen verhindern,
- Deutungen und Deutungsmuster, die das Problem als nicht dringlich oder nicht existent erscheinen lassen,
- Persönlichkeitsmerkmale, die verantwortungsvolles Handeln hemmen, zum Beispiel eine schwache Selbstwirksamkeitsüberzeugung.

**Typische Lernaktivitäten und Lernprozesse**
- Wahrnehmungsschulung
- Persönlichkeitsbildung
- Lernen am Effekt, Lernen am Modell
- Reflexion von Wahrnehmungs-, Fühl-, Denk-, Handlungsmustern und von Deutungen

**Typische didaktische Aufgaben**
Das Erkennen und Verändern eigener Muster und Deutungen erfordert anspruchsvolle didaktische Settings. Tief greifende Veränderungen sind nur möglich, wenn die Lernenden bereit sind oder durch die Umstände dazu gedrängt werden, ihr Selbst- und Weltbild infrage zu stellen. Didaktisches Ziel ist es folglich, verantwortungsvoll Irritationen der subjektiven Wirklichkeit auszulösen und für den Aufbau von neuen Deutungen Hilfestellung zu bieten. Ein didaktisches Instrumentarium dazu findet sich in der Erlebnispädagogik, im Konzept des transformativen Lernens und im Deutungsmusteransatz. Einen guten Einblick in die Bildungsarbeit im Handlungsfeld subjektive Realität geben Arnold und Siebert (2003) in ihrer »Konstruktivistischen Erwachsenenbildung« (z. B. S. 115–119: Perturbation – Krise – Reframing) oder Mezirow (1997) in »Transformative Erwachsenenbildung« (z. B. S. 123 ff.: Perspektiventransformation: Wie Lernen zu Veränderungen führt).

## 4.3 Wissen

Wissen umfasst die als Gedächtnisinhalte gespeicherten Kenntnisse einer Person und ist damit eine zentrale Kategorie für die didaktische Planung. Ohne das entsprechende Orientierungs- (»wissen, dass ...«) und Handlungswissen (»wissen, wie ...«) sind keine informierten Entscheidungen und ist kein bewusstes Handeln möglich. Doch auch bei unbewussten Entscheidungen und spontanem Verhalten spielt Wissen, in der Form von implizitem, durch Erfahrung gewonnenem Wissen eine wichtige Rolle. Im Brückenmodell ist das explizite Wissen dem didaktischen Handlungsfeld »Wissen« zugeordnet, während das unbewusste, implizite Wissen dem Element »subjektive Realität« zugehört, da es didaktisch mit anderen Ansätzen gefördert wird. Implizites prozedurales Wissen ist dem Brückenelement »Handlungsschemata« zuzuordnen; es wird durch die dort beschriebenen didaktischen Ansätze beeinflusst.

Wissen ist das Produkt einer subjektiven Verarbeitung. Im Verlauf eines Lernprozesses binden wir neue Information in ein Netz von Wissensbeständen, Gefühlen und Situationserinnerungen ein. Auf diese Weise integriert, wird Information zu Wissen. Es steht uns als Handlungsressource zur Verfügung und wird zum Bestandteil unseres Selbst- und Weltbildes. Arnold und Siebert (2003) sprechen in diesem Zusammenhang von Wissensnetzen. Diese »sind gleichsam Materialisierungen unserer Wirklichkeitskonstruktionen« (ebd, S. 113). Wissensnetze sind nicht bloß mentale Schemen, sondern lassen sich neurophysiologisch im Gehirn lokalisieren. Wissensaufbau ist kein bloß mentaler Vorgang, er umfasst auch organische Wachstums- und Umwandlungsprozesse. Lernen, das Aneignen von Wissen, benötigt Zeit, Energie und stoffliche Ressourcen für diese organischen Prozesse.

Ein großer Teil unseres Wissens besteht aus Deutungen. Einfache Sachverhalte, wie die Tatsache, dass Äpfel an Bäumen wachsen, sind jederzeit durch Beobachtung reproduzierbar und nicht widerlegbar. Dieses Wissen teilen wir mit allen anderen Menschen. Komplexere Sachverhalte, beispielsweise unser Wissen über die Klimaerwärmung, basieren auf den uns zugänglichen und von uns als relevant akzeptierten Informationen, die wir zu einem für uns stimmigen Konstrukt einer mentalen Landkarte verknüpft haben. Dieses Wissen teilen wir mit einigen Mitmenschen, sodass wir uns sprachlich mit ihnen darüber verständigen können. Im Detail bleibt es jedoch ein subjektives Konstrukt, eine Deutung, die nie vollständig mit derjenigen eines anderen Menschen übereinstimmt. Deutungen bilden keine objektive Wirklichkeit ab, machen aber den Großteil unseres Wissens aus. Ob eine Information in unseren Wissensbestand aufgenommen wird, entscheidet sich nach dem subjektiven Kriterium »anschlussfähig/nicht anschlussfähig«, nicht nach dem wissenschaftlichen Kriterium »richtig/falsch«. Was an unsere mentalen Landkarten, Gefühle und Situationserinnerungen nicht anschlussfähig ist, kann nicht in den Wissensbestand aufgenommen werden.

**Beispiel:** Umweltprobleme sind eine subjektive Deutung. Es gibt die objektive Tatsache, dass riesige Mengen Plastikabfall in den Weltmeeren schwimmen. Ob wir aber eine bedrohliche Plastikverschmutzung der Umwelt als negative Wertung dieser Tatsache ausmachen, ist eine subjektive Deutung, die nicht allein vom Wissen um diesen einen Fakt abhängt. Für die Deutung greifen wir auf unser Wertsystem zurück, wir benötigen zusätzliches Hintergrundwissen und die kognitive Fähigkeit, uns in komplexen Sachverhalten zurechtzufinden. Weiter benötigen wir die Motivation und Bereitschaft, uns mit unangenehmen und unklaren Sachverhalten auseinanderzusetzen, sowie emotionale Fähigkeiten, wie Ambiguitätstoleranz – die Fähigkeit, Widersprüche auszuhalten. Erst wenn diese Voraussetzungen erfüllt sind, werden wir die Plastikverschmutzung der Meere als Umweltproblem akzeptieren und als Richtschnur für unser Handeln nutzen. ◆

Neben der bereits erwähnten Unterscheidung zwischen explizitem Wissen, das sprachlich ausgedrückt werden kann, und unbewusstem, implizitem Wissen gilt es für eine verhaltensorientierte Didaktik zwischen handlungsleitendem und trägem Wissen zu unterscheiden. Handlungsleitendes Wissen ist so weit integriert, dass es als Ressource für bewusste Entscheidungen und spontanes Handeln zur Verfügung steht. Unter trägem Wissen werden Informationen verstanden, die zwar im Gehirn gespeichert, aber nur wenig mit den Erfahrungen einer Person verknüpft sind. Sie können in einem gewissen Maß als Information wieder abgerufen werden, zum Beispiel in einer Prüfung, sind für das Verhalten aber irrelevant. Träges Wissen vermag die aktuellen psychischen Prozesse (vgl. das Grundmodell der Verhaltenserklärung in Abbildung 1) in Handlungssituationen nicht zu beeinflussen.

**Typische Verhaltenshürden**
- Fehlende Problemkenntnis
- Fehlendes Wissen darüber, dass ein Verhalten problematisch ist
- Fehlendes Wissen über mögliche Problemlösungen
- Fehlendes Wissen über den möglichen persönlichen Beitrag zur Problemlösung

**Typische Lernaktivitäten und -prozesse**
- Kognitiv-sinnhaltiges Lernen, kognitiv-assoziatives Lernen, Problemlösen
- Erfahrung und Reflexion

**Typische didaktische Ansätze**
- Aufbereitung von Information nach den Prinzipien Lebensweltbezug und Anschlussfähigkeit (vgl. Abschnitt 5.3.3)
- Vermittlung von Information zu vertieftem Problemverständnis, Handlungsstrategien, positiven und negativen Handlungskonsequenzen
- Die Methodik der Wissensvermittlung ist in der Literatur bestens beschrieben, sie reicht von Frontalunterricht und (Selbst-)Lernmedien bis zu problembasiertem Lernen in Kleingruppen. Je nach Zielgruppe und Bildungskontext ist die passende Methodik zu bestimmen.
- Situiertes Lernen in sinnvollen Kontexten und eine angemessene Vertiefung des Gelernten führen am ehesten zu handlungsleitendem Wissen. Für eine bewährte Didaktik und Methodik der Wissensvermittlung verweise ich auf Landwehr (2008).

## 4.4 Einstellungen

Das Element »Einstellungen« umfasst alle Bildungsanstrengungen, die darauf abzielen, dass Menschen Dinge nicht nur wissen oder können, sondern auch wollen. Das didaktische Handlungsfeld wird im Brückenmodell mit »Einstellungen« bezeichnet, da das wissenschaftliche Konstrukt der Einstellungen wichtige verhaltensfördernde und hemmende Faktoren miteinander in Beziehung setzt und mehr didaktische Ansatzpunkte aufzeigt als der allgemeinere Begriff »Wollen«. Für die Arbeit mit dem Brückenmodell ist es nützlich, den Begriff breit zu interpretieren. Dem Element sind auch Werte und Normen, als Grundlage für Einstellungen, sowie Erwartungshaltungen und Zuschreibungen, als Folge von Einstellungen, zuzurechnen. Für Umwelthandeln wichtig ist etwa die Selbstwirksamkeitserwartung »Ich traue mir zu, mit meinem Handeln etwas zu bewirken« sowie die Kontrollüberzeugung (Nolting & Paulus, 1999, S. 108): »Ich schreibe Erfolg und Misserfolg meinem Handeln zu« (internale Kontrollüberzeugung) oder »Ich mache Zufall oder Schicksal für meinen Erfolg verantwortlich« (externale Kontrollüberzeugung).

Einstellungen sind ein Bindeglied zwischen Wissen und Verhalten. Sie sind für das Wollen verantwortlich, also dafür, in welche Richtung eine Entscheidung getroffen und ob eine Handlung ausgeführt oder unterlassen wird. Einstellungen sind relativ stabil gegenüber Veränderungen, und folglich gehört die Arbeit an Einstellungen zu den anspruchsvollen didaktischen Aufgaben. Die einfache Annahme, neues Wissen führe zu veränderten Einstellungen und diese wiederum zu verändertem Verhalten, ist empirisch mehrfach widerlegt (vgl. de Haan & Kuckartz, 1996). Vielmehr kann neues Wissen ebenso gut Abwehr auslösen und zu Verweigerung führen, wenn es beispielsweise den Interessen einer Person zuwiderläuft oder Ängste auslöst.

Einstellung meint ursprünglich eine »Stellungnahme zu etwas, und zwar gegenüber Personen, Gruppen, Objekten, Sachverhalten, ja selbst gegenüber Ideen oder Ideologien« (Bem 1974, zitiert in Nolting & Paulus, 1999). Nolting und Paulus beschreiben Einstellungen als dynamische psychische Kräfte (Warum-Dispositionen), in Abgrenzung zu Charakter (Wie-Dispositionen) und Kompetenzen (Womit-Dispositionen). Allport (1935) beschreibt, frei übersetzt, Einstellungen als psychische Bereitschaftszustände, die, durch Erfahrung geprägt, einen richtenden und dynamischen Einfluss auf das Verhalten ausüben. Je nach Quelle und wissenschaftlicher Fragestellung werden Einstellungen in unterschiedliche Komponenten aufgeteilt und diese Konstrukte zueinander in Beziehung gebracht. Hilfreich für ein allgemeines Verständnis ist die »Drei-Komponenten-Konzeption« von Rosenberg und Hovland (1960, ref. in Thomas, 1991, S. 134 ff.). Sie beschreibt Einstellungen als Zusammenwirken der drei Komponenten Affekt, Kognition und Verhaltensbereitschaft. Die Aufteilung legt nahe, dass einstellungsorientierte Bildungsarbeit in diesen drei Bereichen Lernmöglichkeiten anbieten muss (vgl. Abschnitt 5.3.5).

Einstellungen erfüllen wichtige psychische Funktionen für die Handlungsfähigkeit des Menschen. Sie ermöglichen rasche Entscheidungen und spontanes Handeln in Alltagssituationen, ohne dass jedes Mal alle Einflüsse und möglichen Auswirkungen neu gegeneinander abgewogen werden müssen. Die Psychologie schreibt ihnen im Wesentlichen drei Funktionen zu (vgl. Nolting & Paulus, 1999, S. 117):

**Orientierungsfunktion**
Einstellungen erlauben eine rasche Orientierung in der Außenwelt. Die Realität ist oft komplex, chaotisch und unübersichtlich. Werte, Normen und Einstellungen reduzieren diese Komplexität und machen die Realität individuell bewältigbar.

**Integritätsfunktion, Erklärung nach innen**
Die Welt ist widersprüchlich, und unser Verhalten ist es auch. Die Orientierung an Werten und Normen gibt unserem Verhalten einen Sinn, rechtfertigt es und gibt uns das Gefühl von Integrität (Unversehrtheit, Ganzheit, Makellosigkeit). Menschen haben die Tendenz, ihre Einstellungen so auszubalancieren, dass sie sich integer fühlen können.

**Adaptationsfunktion, zwischenmenschliche Orientierung**
Durch die Übernahme von Werten und durch das Verhalten entsprechend sozialen Normen versichern wir dem Gegenüber unsere Zugehörigkeit. Indem wir Werte, Normen, Einstellungen verbal und in unserem Verhalten ausdrücken, signalisieren wir Anpassung und sichern unsere soziale Integration.

Die drei Komponenten und die drei Funktionen machen sichtbar, wie breit Einstellungen im psychischen System verankert sind. Sie verdeutlichen auch, weshalb Einstellungen relativ stabil und träge gegenüber Veränderungen sind. Ein Wertewandel, die Konfrontation mit fremden sozialen Normen oder selbst schon neue Informationen werden schnell als bedrohlich empfunden, wenn sie bestehende Einstellungen infrage stellen – dies besonders dann, wenn die Orientierung im Alltag erschwert, die eigene Integrität angezweifelt oder die soziale Akzeptanz fraglich wird. Die Gefährdung einer der drei Funktionen kann eine Einstellungsänderung verunmöglichen.

Damit Bildung verhaltenswirksam wird, genügt es nicht, Wissen zu vermitteln und Verhalten zu instruieren. Gleichzeitig braucht es Lerngelegenheiten, unter denen die Lernenden Einstellungen entwickeln, überprüfen und verändern. Einstellungen sind zu einem großen Teil Ergebnis der Sozialisation. Sie werden im Lebensverlauf in sozialen Kontexten und durch informelles Lernen erworben und in lebensweltlichen Erfahrungen gefestigt. Lernen am Modell, Lernen am Effekt (instrumentelle Konditionierung) und Austausch im direkten sozialen Umfeld sind die wesentlichen Lernprozesse bei der Entstehung und Festigung von Einstellungen. Die Veränderung von Einstellungen erfolgt über dieselben Prozesse.

**Typische Verhaltenshürden**
- Negative Einstellung zum erwünschten Verhalten
- Fehlende oder schwache Selbstwirksamkeitserwartung
- Externale Kontrollüberzeugung
- Fehlende Integration von Wissen, emotionaler Bewertung und Handlungsmustern zu einem widerspruchsarmen Konstrukt

**Typische Lernaktivitäten**
- Vielseitige Primärerfahrungen, zum Beispiel in der Umweltbildung Erlebnisse in und mit der Natur (Wahrnehmungsschulung, Lernen am Effekt)
- Lösen von realen Problemen (problemlösendes Lernen, Lernen am Effekt, kognitiv-sinnhaltiges Lernen)
- Eigenes Tun, Engagement für eine Sache, eine Idee, ein Anliegen (Stärkung der Identifikationsfaktoren)
- Metareflexion der Prämissen des eigenen Denkens, Erlebens und Handelns (kognitiv-sinnhaltiges Lernen, transformatives Lernen)
- Soziales, kommunikatives Lernen (Lernen am Modell, kognitiv-sinnhaltiges Lernen, Stützung der Einstellungsfunktionen)

**Typische didaktische Ansätze**
- Mehrperspektivische Auseinandersetzung mit einem Thema
- Konfrontation mit realen Problemen (Erfahrungslernen, problembasiertes Lernen)

- Erlebnis und Reflexion, positive Selbstwirksamkeitserfahrung ermöglichen (Erlebnispädagogik, Erfahrungslernen; vgl. Abschnitt 5.3.4; Weiteres zu Einstellungsarbeit vgl. Abschnitt 5.3.5)
- Transformative Bildung (vgl. Abschnitt 5.3.6)

## 4.5 Handlungsschemata

Im Feld »Handlungsschemata« des Brückenmodells geht es um den Aufbau von Fertigkeiten. »Wissen« und »Wollen« sollen ergänzt werden durch das »Können«. Die Bezeichnung »Handlungsschemata« verweist auf die verinnerlichten Vorgänge als Kernelement des Lernens in diesem Feld. Der Begriff ist wie die anderen Elemente breit zu interpretieren, als erlebte und gefestigte Bewegungs-, Wahrnehmungs- und Denkabläufe, die zu Fertigkeiten (Skills) vernetzt sind und als Handlungsressourcen zur Verfügung stehen.

Handlungsschemata verbinden Bewegung, Denken und Fühlen zu einer zielgerichteten Aktion. Dabei können Emotion, Kognition und Motorik in unterschiedlichem Maß beteiligt sein. Meistens sind Muskulatur (Bewegung) und Nervensystem (Denken und Fühlen) in einem Handlungsschema verbunden. Handlungsschemata werden in einer Aktivität erworben. Sie müssen im Lernprozess physisch erlebt werden, indem Bewegungen ausgeführt, Denkwege gedacht, Entscheidungen getroffen und an der Handlung beteiligte Emotionen gefühlt werden. Lernen in diesem didaktischen Handlungsfeld ist immer aktiv und konkret. Es entspricht im Lernzyklus des Erfahrungslernens (vgl. Abschnitt 5.3.4) der Station »Tun, konkrete Erfahrung«. Damit ist es immer situiert, das heißt themenspezifisch und an konkrete Situationen gebunden.

**Beispiel:** In der Tourenleiterausbildung eines Bergsportverbands genügt es nicht, Informationen über die Anreise mit dem öffentlichen Verkehr, Wissen über Schutzgebiete und das Verhalten von Wild zu vermitteln. Damit die zukünftigen Leiterinnen und Leiter lernen, wie sie ihre Skitouren umweltverträglich gestalten können, müssen sie selbst solche Touren planen und durchführen. Die Komplikationen müssen erlebt, die Entscheidungen in ambivalenten Situationen selbstständig getroffen werden. Die nötigen Handlungsschemata stehen einer Person erst dann zur Verfügung, wenn sie die Denk- und Entscheidungswege selbst durchschritten und die notwendigen Aktivitäten (Informationssuche, Routenplanung, Durchsetzen der Routenwahl bei der geführten Gruppe usw.) selbst ausgeführt hat. ◆

Als Bildungsinhalte kommen im Handlungsfeld sämtliche Fertigkeiten infrage, die für ein bestimmtes Umweltbildungsanliegen beherrscht werden müssen. Das können sowohl konkrete sensumotorische als auch abstrakte, geistige und emotionale Fertigkeiten aus den Bereichen Selbst-, Sozial- und Methodenkompetenz sein. Abstrakte Handlungsschemata, die ohne sichtbare Motorik, hauptsächlich als kognitiv-emotionale Aktivität ablaufen, werden hier unter dem Begriff Denkhandeln besprochen. Die Erörterung, ob und in welchem Maß der Bewegungsapparat an diesen Prozessen beteiligt ist, würde den Rahmen dieser Abhandlung allerdings sprengen.

Zum Denkhandeln zählen der Einsatz von Denk- und Entscheidungsschemata sowie die Verwendung von Denk- und Problemlösestrategien. Die Umweltbildungsforschung zählt anspruchsvolles Denkhandeln zu den Schlüsselkompetenzen für nachhaltiges Verhalten. Um als Teil von komplexen Umweltsystemen handlungsfähig zu sein, benötigt der Mensch die Fähigkeiten und Fertigkeiten zum:

- systemischen Denken, Denken in Vernetzungen statt in linearen Wirkungsketten,
- Umgang mit Prozesshaftigkeit, das heißt mit Dynamik und Veränderung statt mit Stabilität,
- Entscheiden in Situationen mit unvollständigen Informationen und in Systemen, die durch Wahrscheinlichkeiten statt durch Gewissheiten und fixe Größen definiert sind (vgl. Kyburz-Graber et al., 2001).

Ebenso zum Denkhandeln zählen die Anwendung von Schemata aus den Bereichen Selbst- und Sozialkompetenz, wie Coping- und Selbstmanagementstrategien, das Handeln in ökologisch-sozialen Dilemmata (vgl. Ernst, 1997), der Umgang mit Gefühlen wie Frustration, Ambiguität, Unsicherheit, das Erkennen und Bearbeiten von kognitiven Dissonanzen, das Erkennen und Bearbeiten von emotionalen und motivationalen Dissonanzen sowie soziales Aushandeln. Die Bedeutung von Handlungsschemata in den Bereichen Sozial- und Selbstkompetenz wird in Bildungsmaßnahmen gerne unterschätzt. Der deutsche Konstruktivist und Erwachsenenbildner Rolf Arnold wertet Selbstkompetenzen gar »als möglicherweise limitierende[n] Faktor für Bildung überhaupt« (Referat in Zürich am 20.9.2006). Damit Bildung verhaltenswirksam wird, müssen Handlungsschemata für den Umgang mit sich selbst und für den Umgang mit anderen erlernt und aktiv eingeübt werden.

Die Schemata im Brückenelement »Handlungsschemata« grenzen sich von den Mustern im Element »subjektive Realität« durch ihre Funktion in der Interaktion zwischen Individuum und Umwelt ab. Die Muster steuern den rezeptiven und verarbeitenden Teil der Interaktion (Wahrnehmen, Erkennen, Einordnen), während die Schemata den aktiven und einwirkenden Teil (Tun, Verhalten) gestalten. Vom Feld »Wissen« grenzt sich das der Handlungsschemata durch den Fokus auf die produktiven und motorischen Aspekte des Handelns ab. Deutlich sichtbar werden Zusammenhang und Abgrenzung der beiden Felder im Lernzyklus von Kolb (vgl. Abschnitt 5.3.4). Handlungsschemata werden aktiv, im konkreten Tun erworben, während Wissen durch die Reflexion der Erlebnisse, die Abstraktion der Erkenntnisse und die Einordnung in das vorhandene Vorwissen aufgebaut wird.

**Typische Verhaltenshürde**
- Fehlende praktische Erfahrung

**Typische Lernaktivitäten**
- Etwas selbst tun und reflektieren (Lernen am Effekt)
- Bei konkreten praktischen Fertigkeiten: beobachten und nachahmen
- Bei abstrakten, kognitiven und emotionalen Fertigkeiten: etwas tun und sich mit anderen (Expertinnen/Experten, Peers) austauschen, zum Beispiel fragen und aktiv nachahmen

**Typische didaktische Ansätze**
- Lernsituationen schaffen, in denen ein Handlungsschema für die Lernenden erkennbar wird und aktiv eingeübt werden kann
- Für einfache Schemata: Instruktion (erklären, demonstrieren, tun lassen, beobachten, korrigieren)
- Raum und Gelegenheit schaffen, damit jede und jeder Lernende durch aktives Tun das Schema selbst aufbauen kann
- Für komplexe Schemata: Erfahrungslernen (vgl. Abschnitt 5.3.4)
- Abstrakte Fertigkeiten des Denkhandelns, in der Literatur auch als Meta-Skills behandelt, können nicht mit den Sinnen direkt erfahren werden; sie werden aus konkreten Erfahrungen hergeleitet, reflexiv

bearbeitet und wiederum in konkreten Situationen gefestigt; ein Lernsetting soll folglich alle diese Schritte abdecken.
- Die Entwicklung von Entscheidungsfähigkeit in komplexen Situationen erfordert Lerninhalte in einem genügend komplexen Kontext; es sind vorwiegend lebensweltliche Erfahrungen, die ein hinreichend tiefes Verständnis eines Themengebiets gewährleisten, damit Denkhandeln in einem komplexen System anschlussfähig erlernt werden kann; didaktische Ansätze orientieren sich folglich an den vorangehenden zwei Punkten; ergänzend braucht es vertiefte Vorerfahrungen der Lernenden und Lernaktivitäten, die produktives Denken fordern und fördern.

## 4.6 Training

Das Brückenelement »Training« enthält alle didaktischen Überlegungen und Maßnahmen, durch die eine neu erlernte Handlungsweise so weit verankert wird, dass sie bei Bedarf als Verhaltensoption im alltäglichen Handeln zur Verfügung steht. Dazu muss sie gefestigt und automatisiert werden. Je nach Komplexität der Anforderungen und abhängig davon, ob es sich um eine neue Tätigkeit handelt oder ob eine bestehende Verhaltensweise ersetzt werden soll, ist ein mehr oder weniger intensives Training nötig. Unter Training wird das mehrfache Durchlaufen des Erfahrungs-Lernzyklus verstanden (vgl. Abschnitt 5.3.4). Wie viel äußere Einflussnahme und Lernbegleitung nötig sind, um von ersten Kenntnissen und Fertigkeiten zu gefestigten Handlungsroutinen zu gelangen, kann nur situativ im einzelnen Fall bestimmt werden. Training braucht Zeit und Übungsgelegenheiten. Unabhängig davon, ob es selbstgesteuert oder unter Anleitung geschieht, muss eine realistische didaktische Planung diese beiden Voraussetzungen berücksichtigen, damit verhaltensrelevante Ergebnisse erreicht werden können.

Wahl et al. (1995) zeigen anhand von Dozententrainings in der beruflichen Weiterbildung auf, welche Hürden für Erwachsene vom Erlernen neuer Handlungsschemata bis zur Umsetzung in die Praxis zu überwinden sind. Ohne gezielten Abbau der Umsetzungshürden durch Routinebildung, metakognitive Bearbeitung und sozialen Austausch finden, ihren Ergebnissen zufolge, neue Schemata kaum Eingang in das lebensweltliche Handeln. In ihrer Studie stellen sie fest, dass im Allgemeinen erst nach mehrphasigen Trainings, in denen sowohl neue Verhaltensweisen eingeübt als auch persönliche und soziale Hürden gezielt bearbeitet werden, der Transfer von neu Gelerntem ins Alltagshandeln gelingt. Die Studie beschreibt ausführlich, wie der Schritt vom Wissen zum Handeln immer auch vom sozialen Umfeld und von der Fähigkeit zur emotionalen Selbststeuerung abhängt.

Gegen die übrigen Brückenelemente der Dispositionsseite grenzt sich das Element »Training« ab, indem es die ganze Handlung, also das beobachtbare Verhalten einschließlich der inneren Prozesse, von denen es gesteuert wird, in den Fokus nimmt. Die didaktische Arbeit zielt nicht auf ein einzelnes Verhaltenselement, sondern auf die Festigung und Routinebildung von vollständigen Handlungen. Trainiert wird die Kombination von Wissen, Einstellungen und Fertigkeiten und damit die personale Disposition. Darin unterscheiden sich die didaktischen Überlegungen im Handlungsfeld »Training« von denen im Handlungsfeld »Gewohnheiten«, wo es um die Festigung und Flexibilisierung von Verhaltensweisen in unterschiedlichen lebensweltlichen Kontexten geht.

**Typische Verhaltenshürden**
- Eine Handlungsweise ist zwar bekannt, in einer aktuellen Situation steht sie aber nicht als gefestigte Handlungsoption zur Verfügung.

**Typische Lernaktivitäten**
- Selbst tun; der wesentliche Kern von Training ist Wiederholung und Variation.
- Learning by Doing

**Typische didaktische Ansätze**
- Anwendungsmöglichkeiten schaffen
- Sicherstellen, dass innere und äußere Widerstände beim Transfer in den Alltag ernst genommen und bearbeitet werden,
- Für das Training von Denkhandeln bieten Simulationsspiele vielfältige didaktische Möglichkeiten; allerdings gilt es hier – wie bei allen Lernformen, die nicht mit authentischen Situationen arbeiten –, den Transfer des virtuell Geübten in den Alltag in einem separaten Lernschritt sicherzustellen, da dabei neue Verhaltenshürden auftreten.

## 4.7 Objektive Realität

Abbildung 5: Handlungsfelder der Situationsseite des Brückenmodells

Das Fundament der Situationsseite des Brückenmodells bildet die objektive Wirklichkeit, wie sie außerhalb des Individuums besteht. Sie ist objektiv in dem Sinn, dass sie unabhängig von der Wahrnehmung und Deutung durch das Individuum existiert, und sie ist wirklich, indem sie auf das Individuum einwirkt und das Individuum auf sie zurückwirkt. Dem didaktischen Handlungsfeld werden somit alle Situationsaspekte zugerechnet, die zwar außerhalb der handelnden Person liegen, aber dennoch einen Einfluss auf ihr Verhalten haben. Es sind dies materielle, örtliche, zeitliche, atmosphärische Bedingungen und Ereignisse aus der physischen Umwelt sowie Einflüsse von Mitmenschen, institutionelle Bedingungen, politische und kulturelle Gegebenheiten aus der sozialen Umwelt. Aus einer systemtheoretischen Perspektive umfasst das Element »objektive Realität« die physische und soziale Umwelt, von der sich das Individuum als Subsystem abgrenzt. Aus bildungstheoretischer Sicht umfasst es die Lebenswelt der Lernenden. Analog zur Dispositionsseite des Brückenmodells enthält das Fundament der Situationsseite alle Verhaltensfaktoren, die nicht den übrigen, spezifisch abgegrenzten Feldern (Handlungsmöglichkeiten, Effizienz, Anreize) zuzurechnen sind.

Sind alle dispositiven Voraussetzungen für ein bestimmtes Verhalten erfüllt, ist doch nicht garantiert, dass eine Person in einer gegebenen Situation auf die erwartete Weise handelt. So kann allein schon regnerisches Wetter zum kurzfristigen Entschluss führen, den Privatwagen aus der Tiefgarage zu holen, statt durch den Regen zur Tramhaltestelle zu gehen. Es verbleibt stets eine Restmenge von situativen Einflüssen aus der physischen Umwelt, die das Handeln beeinflussen und zu einem Verhalten wider besseres Wissen, Können und Wollen führen. Die weit einflussreicheren Verhaltensfaktoren ergeben sich allerdings aus der sozialen Umwelt einer Person. Akzeptiert das direkte Umfeld, Familie, Freunde, Arbeitskolleginnen, Nachbarn usw., ein bestimmtes Verhalten nicht oder reagiert darauf mit Spott, verhalten sich die meisten Menschen eher konform zu ihrem sozialen Umfeld als entsprechend einer inneren Überzeugung. Zu den sozialen Faktoren gehören des Weiteren institutionelle Vorgaben, Anweisungen von Drittpersonen oder schon die bloße Anwesenheit oder Abwesenheit einer Drittperson.

**Beispiel:** Menschen verhalten sich in ihrer Berufsrolle oft anders als in ihrem Privatleben. Während sie zu Hause Abfall vermeiden und trennen, gehen sie am Arbeitsplatz mit Materialien viel sorgloser um. Wenn Pflegefachfrau Vera S. bei jeder Patientin und jedem Patienten neue Handschuhe trägt und sie nach Gebrauch sofort wegwirft, handelt sie auf Anweisung einer Institution oder nach einer gesetzlichen Vorgabe. Ihr Verhalten ist situationsgesteuert und hat mit ihrer Disposition wenig zu tun. In einer Weiterbildung zum Thema Materialeffizienz für Personen aus dem Gesundheitswesen wäre es folglich kein sinnvolles Lernziel, dieses Verhalten zu ändern. Das Thema Materialeffizienz kann dennoch bearbeitet werden, beispielsweise über die Fragestellungen »Welche vermeidbaren Materialverschwendungen kennen Sie aus Ihrem Berufsalltag?« oder »Wo können Sie sich dafür einsetzen, dass in Ihrem Berufsfeld weniger Material verschwendet wird?«. Die Fragestellungen berücksichtigen die »objektive Realität« der Handlungssituation, und sie zielen nicht direkt auf ein Verhalten, sondern auf die Veränderung des Handlungsrahmens. ◆

Auf gesellschaftlicher Ebene sind im Handlungsfeld »objektive Realität« die politischen und kulturellen Rahmenbedingungen zu klären. Je nach Kultur und Politik eines Landes lassen sich anderswo erfolgreiche Nachhaltigkeitsstrategien und Vorstellungen von nachhaltigem Leben nicht eins zu eins übertragen. Verhaltensbezogene Bildung hat sich an der Lebensrealität der Menschen zu orientieren, nicht an idealistischen Vorstellungen.

Im Brückenmodell verweist das didaktische Handlungsfeld »objektive Realität« auf den Umstand, dass menschliches Verhalten immer in einem Kontext erfolgt und von diesem wesentlich beeinflusst wird. Ohne Berücksichtigung dieses Kontexts können Bildungsangebote keine Wirksamkeit entfalten.

Da die Lebenswelt der Lernenden in den meisten Fällen für die Bildungsträger nicht gestaltbar ist – eine Ausnahme bildet hier die betriebliche Weiterbildung –, stehen bei der didaktischen Planung zwei Aspekte im Vordergrund: erstens die Abklärung, welche Kontextfaktoren das Verhalten beeinflussen, um daraus Schlüsse für eine zielführende Bildungsstrategie zu ziehen, und zweitens die Thematisierung des Kontexts in einer Bildungsmaßnahme, mit dem Ziel, die Lernenden auf die realen Handlungssituationen vorzubereiten. Im ersten Fall geht es um makrodidaktische Entscheide, damit ein vorgegebenes Wirkungsziel erreicht werden kann, zum Beispiel darum, für welche Zielgruppen und in welchem institutionellen Rahmen Bildungsmaßnahmen angeboten werden. Im zweiten Fall, auf der Ebene der mikrodidaktischen Planung, geht es um die Wahl von Lernzielen, Inhalten und Methoden, welche die zu erwartenden Hürden bei der Umsetzung des Gelernten im lebensweltlichen Kontext aufgreifen. Im Rahmen der didaktischen Planung ist zu klären, in welcher »objektiven Realität« die Lernenden ihr neues Wissen und Können anwenden werden. Lassen beispielsweise die politischen Gegebenheiten oder die Voraussetzungen am Arbeitsplatz eine Umsetzung des Gelernten im Alltag zu? Mit welchen typischen Transfer-Widerständen ist im unmittelbaren sozialen Umfeld zu rechnen? Braucht es neben dem geplanten Thema zusätzliche Bildungsinhalte, um den Transfer in den Alltag zu erleichtern? Müssen Umsetzungshürden und der Umgang damit in der Bildungsmaßnahme thematisiert werden?

**Beispiel:** Zur Förderung von naturverträglichem Freizeitverhalten soll die Umwelt-, Natur- und Landschafts-Thematik verstärkt in die Ausbildung von Multiplikatoren im Sport (Leiter, Sportlehrerinnen, Funktionäre usw.) integriert werden. Multiplikatoren sind in ihrer Sportpraxis in Organisationen und Gemeinschaften eingebunden. Über die Planung von Ausbildungskursen zum Thema hinaus sind makrodidaktische Fragen zu klären wie: Lässt sich der im Kurs präsentierte naturverträgliche Sport in diesen Gemeinschaften umsetzen? Müssen die Teilnehmenden zusätzlich dafür ausgebildet werden, mit den zu erwartenden

Widerständen umzugehen? Wenn der Ausbildungsträger ein Sportverband ist, stellt sich die Frage nach den Möglichkeiten, die er hat, um für ein positives Umfeld für naturverträglichen Sport zu sorgen: Wie kann er die Arbeit der Multiplikatoren durch verbesserte Rahmenbedingungen unterstützen? Welche zusätzlichen Zielgruppen, zum Beispiel Verbandsfunktionäre, müssen mit Bildungsangeboten adressiert werden, damit sich die Umsetzungswahrscheinlichkeit erhöht? ◆

Werden Umweltbildungsziele von der öffentlichen Hand, einem Verband oder einer großen Organisation verfolgt, so stellt sich im Handlungsfeld »objektive Realität« die Frage nach flankierenden Maßnahmen: Welche Möglichkeiten hat die auftraggebende Organisation, die lebensweltlichen Bedingungen so zu verändern, dass umweltschonendes Verhalten für die Zielgruppe Sinn ergibt? Lohnt es sich eventuell eher, ein Lifestyle-Magazin finanziell zu unterstützen und damit das soziale Umfeld zu beeinflussen, als eine Informationsbroschüre zu drucken? Im kleineren Rahmen eines Quartiers oder eines Vereins könnte der indirekte Weg über das soziale Umfeld erfolgversprechender sein als ein konventionelles Bildungsangebot. Lässt sich beispielsweise eine Auseinandersetzung mit einem Umweltthema in der Gemeinschaft anstoßen? In der betrieblichen Weiterbildung hat der Auftraggeber oftmals die Möglichkeit, die objektive Realität am Arbeitsplatz zu verändern. Damit ein Bildungsangebot zum erwünschten Verhalten führt, kann er die Rahmenbedingungen für das Handeln entsprechend anpassen.

In Bezug auf die soziale Umwelt ist im Handlungsfeld »objektive Realität« die Abgrenzung wichtig, zwischen aktuell vorhandenen Einflüssen und verinnerlichten »Erwartungs-Erwartungen« einer handelnden Person. Die Letzteren gehören zu den Dispositionen und müssen in den Feldern »Wissen« und »Einstellungen« didaktisch aufgegriffen werden.

**Beispiel:** Entsorgt Laborant Emil A. alle Chemikalien gemischt am selben Ort, obwohl er sie trennen und teilweise weiterverwenden könnte, handelt er möglicherweise aus der Erwartung heraus, dass dies der Erwartung seiner Chefin entspricht. Sein Verhalten ist dispositionsgesteuert, solange er den Sachverhalt nicht mit seiner Vorgesetzten geklärt hat. ◆

**Typische Verhaltenshürden**
- Neu angeeignetes Wissen, Können oder neu gewonnene Einstellungen sind im familiären, kollegialen oder beruflichen Umfeld der Lernenden nicht akzeptiert oder treffen dort auf großen Widerstand.
- Einschränkende institutionelle (rechtliche, politische) Rahmenbedingungen (»nicht dürfen«)
- Rahmenbedingungen aus dem Lebenskontext, zum Beispiel räumliche Trennung von Wohnen und Arbeiten, finanzieller Spielraum
- Momentane situative Bedingungen, die eine Abweichung vom gewünschten Verhalten auslösen

**Typische didaktische Aufgaben**
- Lebensweltorientierte Bildungsangebote
- »Empowerment«, die Befähigung, Hürden selbst zu erkennen und abzubauen, als Bildungsziel

## 4.8 Handlungsmöglichkeiten

Die Bereitschaft zu umweltverantwortlichem Handeln bringt wenig, wenn in einer konkreten Situation keine nachhaltige Verhaltensoption zur Verfügung steht. Im didaktischen Feld »Handlungsmöglichkeiten« gilt es zu klären, ob solche in der Lebenswelt der Lernenden existieren oder ob ihr Fehlen ein erwünschtes Verhalten verhindert. Dabei geht es nicht bloß um die Frage, ob eine Handlungsmöglichkeit grundsätzlich existiert, sondern darum, ob sie der handelnden Person in einer konkreten Verhaltenssituation zur Verfügung steht.

Fietkau und Kessel haben mit ihrem »Rahmenmodell zum Umwelthandeln« die Bedeutung von Verhaltensangeboten schon früh in die akademische Umweltbildungsdiskussion eingebracht (vgl. Fietkau & Kessel, 1981). Als Voraussetzungen für umweltbezogenes Verhalten definieren sie: 1. Einstellungen und Wissen, 2. wahrgenommene Verhaltenskonsequenz, 3. Verhaltensangebote und 4. Handlungsanreize. Das Modell hat sich bei der Planung von Interventionen und Kampagnen, zum Beispiel zur Förderung des öffentlichen Verkehrs, mehrfach bewährt. Neu gegenüber bestehenden Modellen war, dass die Dispositionsfaktoren um die zwei Situationsfaktoren »Verhaltensangebot« und »Anreize« erweitert wurden. Diese können als »Angebote« von außen gestaltet, müssen aber aus der Perspektive der handelnden Person bestimmt werden. Ein Verhaltensangebot wird nur angenommen, wenn es als attraktiv empfunden wird, und ein Anreiz entfaltet seine Wirkung nur, wenn er aus Sicht der handelnden Person reizvoll ist. Trotz dieser Ermöglichungskomponenten verfolgt das »Rahmenmodell zum Umwelthandeln«, im Gegensatz zum Brückenmodell, einen kognitivistischen Ansatz, indem es primär von bewusst gefällten Entscheiden ausgeht. Neuere Ansätze, wie das aus dem Marketing übernommene Nudging-Konzept (vgl. Högg & Köng, 2016), setzen verstärkt auf die Beeinflussung von unbewussten Umweltentscheidungen, um ein erwünschtes Verhalten zu fördern. Das Vorhandensein eines Verhaltensangebots beeinflusst individuelles Handeln unabhängig davon, ob in der Verhaltenssituation ein bewusster Entscheid in Abwägung der Verhaltenskonsequenzen getroffen oder ob von dem Angebot spontan Gebrauch gemacht wird. Das Fehlen von Verhaltensangeboten verhindert nachhaltiges Handeln jedoch in beiden Fällen.

Fehlende umweltverträgliche Handlungsmöglichkeiten betreffen ein weites Spektrum von Verhaltenshürden wie fehlende Produkte, fehlende Infrastrukturen, fehlende Informationen oder fehlende Fachleute, die für Entscheidungen konsultiert werden können. So können energiesparende Geräte bei der Anschaffung nur bevorzugt werden, wenn sie auch produziert und im Handel erhältlich sind. Recycling von gebrauchten Geräten ist nur dort möglich, wo die nötigen Infrastrukturen dafür existieren. Bei den Konsumgütern liegt die Hürde für umweltverantwortliches Verhalten oftmals nicht bei der fehlenden Handlungsbereitschaft der Endverbraucher, sondern bei den gegenläufigen Interessen von Wirtschaft und nachhaltiger Entwicklung.

**Ein Beispiel** dazu, das in seiner Schlussfolgerung auch heute, zehn Jahre später, noch Gültigkeit hat, beschreibt Franz Alt (2006) in seinem Buch »Die Sonne schickt uns keine Rechnung«: »1992 erklärte sich VW im Stande, ein Auto mit einem Benzinverbrauch von bloß einem 1 Liter auf 100 km zu bauen. 2002 wurde ein solcher Wagen anlässlich einer werbewirksamen Fahrt von Wolfsburg nach Hamburg erstmals der Öffentlichkeit vorgestellt. Obwohl technisch machbar, und trotz vorhandener Nachfrage, lässt die Markteinführung jedoch auf sich warten. Im Autobau wurde in den letzten fünfundzwanzig Jahren zwar ein eindrücklicher Effizienzgewinn erzielt, dieser jedoch in einem Reboundeffekt mit schwereren Wagen und Zusatzausrüstungen bei den im Handel erhältlichen Autos wieder aufgehoben. Die heutigen Autos entsprechen aus ökologischer

Sicht nicht dem ›state of the art‹. Die umweltfreundlichsten Wagen werden nicht gebaut und stehen auf dem Markt nicht zur Verfügung.«

In gleicher Weise fehlen bei den Konsumgütern auf Langlebigkeit ausgelegte Produkte, mit energie- und ressourcenschonenden Produktions-, Reparatur- und Entsorgungszyklen weitgehend, obwohl sie technisch problemlos machbar wären. Das entsprechende Fachwissen wird nicht gepflegt und weiterentwickelt, und in den Ausbildungsstätten werden keine Fachleute auf dem Gebiet langlebiger Produkte ausgebildet, da sie in der (Groß-)Industrie nicht nachgefragt sind und wirtschaftlichen, auf Wachstum ausgerichteten Paradigmen widersprechen. Für die Durchsetzung von Suffizienzstrategien genügt es jedoch nicht, die Bevölkerung zum Maßhalten zu animieren. Parallel dazu müssen gezielte Bildungsstrategien die richtigen wirtschaftlichen, politischen und gesellschaftlichen Akteurinnen und Akteure adressieren, um neue, nachhaltigere Handlungsmöglichkeiten für die breite Bevölkerung bereitzustellen.

Wie das Beispiel der dezentralen Energieproduktion zeigt, gehören zu den Handlungsmöglichkeiten auch die richtigen politischen Rahmenbedingungen. Neben Produkten wie Solaranlagen und Fachleuten, die eine Anlage planen und bauen können, braucht es politische Weichenstellungen, damit die Mehrheit der Hausbesitzerinnen und Hausbesitzer ihren Energiebedarf direkt produzieren und die Überschüsse im Netz der Allgemeinheit zur Verfügung stellen.

Eine weitere Verhaltenshürde ist fehlende Information. Ein Produkt oder eine Dienstleistung, über die ich nicht informiert bin, stehen mir für mein Alltagshandeln faktisch nicht zur Verfügung. So ist naturverträglicher Freizeitsport nur möglich, wenn die relevanten Informationen von Fachleuten aufbereitet und der breiten Bevölkerung in verständlicher Form zur Verfügung gestellt werden. Dabei genügt es nicht, die Information irgendwo bereitzustellen. Sie muss in der Handlungssituation vor Ort verfügbar sein. Dazu gehören im Beispiel Freizeitsport Informationstafeln vor Ort bei sensiblen Naturräumen, Kartenmaterial und aktuelle Informationen im Internet für die Planung und für unterwegs sowie aufbereitetes Fachwissen über die Schutzgüter und die nötigen Verhaltensanpassungen. Fehlen diese Informationen und Informationsmittel, wird eine Bildungsmaßnahme bei Freizeitsportlern und -sportlerinnen keine Breitenwirkung entfalten. Konsumlabel wie Bio-Knospe oder Energie-Etikette reagieren auf die Verhaltenshürde »Handlungsmöglichkeiten«, ebenso Smartphone-Apps, die eine rasche Information zu nachhaltigem Konsum ermöglichen, ohne dass ein aufwendiger Wissensaufbau zu diesem Thema nötig wäre. Für verhaltensorientierte Umweltbildung kann es effizienter sein, gute Informationsmittel am richtigen Ort bereitzustellen, als zu versuchen, komplexe Sachverhalte an die breite Bevölkerung zu vermitteln.

Die didaktische Leitfrage im Feld »Handlungsmöglichkeiten« lautet: Existiert aus der Sicht und in der Lebensrealität des Zielpublikums die Möglichkeit, umweltfreundlich zu handeln? Kann auf diese Frage nicht vorbehaltlos mit Ja geantwortet werden, ist die Verhaltenswirksamkeit der Bildungsmaßnahme infrage gestellt. Wie schon im Feld »objektive Realität« bieten sich zwei Lösungsansätze an: erstens, mikrodidaktisch, Empowerment als Bildungsziel mit der Leitfrage »Welchen Beitrag können die Lernenden selbst leisten, damit Handlungsmöglichkeiten entstehen?« und zweitens, makrodidaktisch, die Anpassung der Bildungsstrategie. Die didaktischen Fragen sind dann: Welche Akteurinnen und Akteure sind in der Lage, nachhaltige Handlungsmöglichkeiten für die breite Bevölkerung zu schaffen? Wie können diese als Zielgruppe von Bildungsmaßnahmen gewonnen werden?

**Beispiel:** Fehlt landesweit ein System zur getrennten Entsorgung von Kunststoffabfällen, ist das eigentliche Verhalten – Kunststoffe getrennt zu entsorgen – kein sinnvolles Bildungsziel für Umweltbildungsmaßnahmen, da der breiten Bevölkerung die nötigen Handlungsmöglichkeiten nicht zur Verfügung stehen. Als Wirkungsziele geht es vorerst darum, diese Lücke erkennbar zu machen, auf die politische Agenda zu bringen sowie Menschen anzuregen und zu befähigen, zur Schließung der Lücke beizutragen. Als Bildungsstrategie geht es in dieser Phase darum, in der Bevölkerung ein Problembewusstsein zu schaffen und bei den Akteuren, die etwas zur Lösung des Problems beitragen können, die Bereitschaft zum Handeln anzuregen. Es stellen sich nicht primär mikrodidaktische Fragen zu Lernzielen, Inhalten und Methoden, sondern makrodidaktische Fragen nach der geeigneten Zielgruppe und Bildungsstrategie.
Sinnvolle Zielgruppen sind im Beispiel alle Akteurinnen und Akteure, die dazu beitragen können, dass der breiten Bevölkerung in Zukunft die Möglichkeit zur Verfügung steht, Kunststoffe getrennt zu entsorgen. Dazu gehören Individuen aus Politik, Wirtschaft, Wissenschaft, Medien und zivilgesellschaftlichen Organisationen sowie unabhängige, gesellschaftlich engagierte Personen, welche die

Herstellung und den alleinigen Einsatz von rezyklierbaren Kunststoffen sowie den Aufbau einer Entsorgungsinfrastruktur vorantreiben.

Ist die erforderliche Infrastruktur einmal vorhanden, wird sie aber zu wenig genutzt, geht es in weiteren Schritten darum, sie bekannt zu machen und den Leuten an den richtigen Orten zur Verfügung zu stellen. In dieser Phase müssen als Zielgruppe Menschen erreicht werden, die dafür sorgen können, dass die Kunststoffentsorgung für die Mehrheit der Bevölkerung im Bereich ihrer Handlungsmöglichkeiten liegt. Eine Bildungsmaßnahme könnte nun darin bestehen, dass Menschen dazu befähigt werden, sich im eigenen Umfeld, Dorf, Quartier für den Aufbau eines Entsorgungsangebotes einzusetzen. ◆

Bei komplexen Fragestellungen kann es auch zielführend sein, Handlungsmöglichkeiten einzuschränken, um einem ökologischen Verhalten zum Durchbruch zu verhelfen. Im Gegensatz zu Verboten, die zum Handlungsfeld »Anreize« gehören, werden im Feld »Handlungsmöglichkeiten« Wahlmöglichkeiten geschaffen, aber ungünstige Varianten durch ökologische ersetzt.

Im Feld »Handlungsmöglichkeiten« geht es ausschließlich um objektiv fehlende bzw. vorhandene Verhaltensmöglichkeiten. Subjektiv wahrgenommene Verhaltenshürden sind auf der Dispositionsseite des Brückenmodells in den Feldern »subjektive Realität«, »Wissen« und »Einstellungen« didaktisch aufzugreifen.

**Typische Verhaltenshürden**
- Produkte, Infrastrukturen, Informationen, Fachleute stehen in der Handlungssituation nicht zur Verfügung.
- Regulatorische Rahmenbedingungen verhindern ein nachhaltiges Verhalten.

**Typische didaktische Aufgaben**
- Klären, ob erwünschte Verhaltensmöglichkeiten in der konkreten Handlungssituation verfügbar sind; falls Handlungsmöglichkeiten fehlen, lauten die Leitfragen:
  - Welchen Beitrag können die Lernenden selbst leisten, damit Handlungsmöglichkeiten entstehen? Maßnahme: Empowerment als Bildungsziel.

– Welche Akteure und Akteurinnen müssen mit welchen Angeboten erreicht werden, damit Handlungsmöglichkeiten für die ursprüngliche Zielgruppe geschaffen werden? Maßnahme: Anpassung der Bildungsstrategie.

## 4.9 Effizienz

Das Handlungsfeld »Effizienz« adressiert Aufwand-/Nutzen-Abschätzungen im Alltagshandeln. Aus zwei Verhaltensalternativen wählen die meisten Menschen diejenige, die ihnen weniger Aufwand verursacht. Dabei kann es sich um Zeitaufwand, materielle Kosten oder körperliche, geistige und emotionale Anstrengung handeln. Damit sich eine erwünschte Verhaltensweise gegenüber einer weniger nachhaltigen Alternative durchsetzen kann, sollte sie nicht wesentlich mehr Kosten, Anstrengung oder Zeitaufwand verursachen als die ungünstigere Variante, es sei denn, ein attraktiver Zusatznutzen ist bei der aufwendigeren – und damit weniger effizienten – Variante ersichtlich. So funktioniert Abfalltrennung dann gut, wenn die Sammelstellen genügend leicht erreichbar sind und leicht zu unterscheiden ist, welche Stoffe wo entsorgt werden sollen. Der öffentliche Verkehr wird dann gewählt, wenn er nicht wesentlich teurer ist als der Privatverkehr und wenn er Zeitersparnisse oder weitere Annehmlichkeiten mit sich bringt.

Für die Gestaltung von verhaltenswirksamen Lernprozessen ist jegliche Art von Aufwand zu beachten, die das nachhaltigere Verhalten behindern könnte. Zeit und Kosten sind die vordergründig häufigsten Verhaltenshürden, doch oft ist die Lage komplizierter, wie das Beispiel von Verhaltensänderungen im Beruf zeigt: Soll eine eingeschliffene Routine durch ein umweltfreundlicheres Verfahren ersetzt werden, so spielt die Effizienz des Handelns eine wichtige Rolle. Umlernen führt stets zu einer vorübergehenden Verlangsamung. Statt des gewohnten, flüssigen Arbeitens muss die neue Handlung bewusst ausgeführt werden. Sie erfordert Orientierungsleistungen und bewusste Entscheidungsprozesse anstelle von eingeschliffenen Gewohnheiten. Dies führt zu Zeitverlust – Leistungserwartungen können nicht erfüllt werden, was zu Druck von außen und zu inneren psychischen Spannungen führen kann. Für das Umlernen sind Unsicherheit und ein eingeschränktes Selbstwirksamkeitsgefühl vorübergehend auszuhalten. Damit sich ein neues Verhalten durchzusetzen vermag, muss der Transfer in den Alltag bei der Bildungskonzeption mitberücksichtigt werden. Die nötigen Maßnahmen gehen dann weit über eine Instruktion der neuen Verfahren hinaus, da auch der Effizienzverlust in der Umstellungsphase aufgefangen werden muss.

Im Verlauf der didaktischen Vorabklärungen ist zu untersuchen, ob das erwünschte Verhalten für die Lernenden einen wesentlichen Mehraufwand bedeutet. Ist es objektiv aufwendiger als weniger nachhaltige Alternativen, muss dies bereits in der Angebotsplanung berücksichtigt werden. Dabei ist zu unterscheiden zwischen dem tatsächlichen und dem subjektiv wahrgenommenen Aufwand für ein Verhalten. Der tatsächliche Aufwand kann gemessen oder erhoben und in ein Verhältnis mit Vergleichszahlen gesetzt werden. Nur dieser Teil ist im Handlungsfeld »Effizienz« zu berücksichtigen. Die subjektive Wahrnehmung von Aufwand und Nutzen kann vom tatsächlichen Aufwand abweichen. »Drei Franken Zuschlag für einen Rufbus ist mir viel zu teuer« ist beispielsweise eine subjektive Einschätzung, die im didaktischen Handlungsfeld »Einstellungen« aufzugreifen ist.

**Typische Hürden und didaktische Maßnahmen**
- Höhere Kosten oder höherer Zeitaufwand: Zusatznutzen generieren, sichtbar machen, erleben lassen; Umdeutung des Wertes der umweltverträglichen Handlungsweise unterstützen.
- Eine Anfangsinvestition an Zeit und persönlichem Engagement ist nötig: Anreize schaffen, um die Umstellungszeit zu überbrücken (Lob, positive Verstärkung usw.); Rahmenbedingungen für das Handeln anpassen bzw. aushandeln (vorübergehend mehr Zeit, reduzierte Leistungsanforderungen); soziale Kontrolle und Unterstützung sicherstellen (Lerntandems, Tutoring, Mentoring, regelmäßiger Austausch während des Transfers in die Praxis/in den Alltag, öffentliche Verpflichtung oder Vertrag mit sich selbst, regelmäßige Reflexionssequenzen in der Lerngruppe, individuelle Transferstrategien entwickeln lassen usw.).
- Eine finanzielle Anfangsinvestition ist nötig: Abmildern der Kostenfolgen wie Darlehen usw., bei gleichzeitiger Förderung von Lernprozessen, die das erwünschte Verhalten stützen (vgl. auch Abschnitt 4.10).

- Eingeschliffene Routinen müssen ersetzt werden: Prompts, Ankerpunkte, Stoppregeln erarbeiten, um aus der Routine auszubrechen; das heißt unbewusstes Handeln unterbrechen, bewusst machen und so einen Pfadwechsel einleiten; je nach Situation Einführen von Verboten, Geboten, Sanktionen.
- Selten getroffene Entscheidungen, zum Beispiel bei der Neuanschaffung von Konsumgütern, erfordern für nachhaltiges Handeln einen hohen Aufwand an Informationsbeschaffung: Konsumlabel zur Unterstützung von zeiteffizienten Entscheidungen direkt in der Kaufsituation schaffen (vgl. dazu auch Abschnitt 4.8).

## 4.10 Anreize

Das Element »Anreize« stützt und verstärkt im Brückenmodell die Handlungsfelder der Situationsseite. Anreize, wie ein Flaschenpfand für Käufer, handelbare Umweltzertifikate für Produzenten oder eine vorgezogene Entsorgungsgebühr für Händler, sollen durch extrinsische Motivation ein erwünschtes Verhalten bei einer bestimmten Zielgruppe begünstigen. Wie bei allen Handlungsfeldern der Situationsseite stellt sich die Frage, inwiefern sie Teil einer didaktischen Planung sein können. Anreize können umweltfreundlichem Verhalten zum Durchbruch verhelfen. Das Ziel von Umweltbildung ist jedoch nicht einmaliges Verhalten, sondern ein Lernprozess, der zu stabilen, möglichst situationsunabhängigen Gewohnheiten führt. Im Rahmen von Bildungsmaßnahmen haben Anreize die Funktion, diesen Lernprozess zu stützen.

Positive Anreize folgen dem Belohnungsschema. Sie helfen dabei, den erhöhten Aufwand auszugleichen, der bei Verhaltensänderungen entsteht. Sie wirken Befürchtungen entgegen, bei umweltschonendem Verhalten gegenüber anderen benachteiligt zu werden, und sie vermindern Kosten für ökologisches Verhalten. Verbote, Standesregeln oder Abgaben folgen dem Bestrafungsschema. Sie können von ihrer Wirkung her als extrinsische Motivatoren, als Negativanreize verstanden und eingesetzt werden.

Anreize sind typische Instrumente behavioristischer und ökonomischer Ansätze. Der klassische Behaviorismus versucht, Lernprozesse mittels Verstärkung und Bestrafung von Verhalten zu steuern. Das gängige ökonomische Menschenbild geht davon aus, dass Menschen rational und stets im Eigeninteresse handeln. Durch die Beeinflussung dieser Interessen mittels Anreizen lässt sich folglich das Verhalten des Individuums ändern. Beide Ansätze, der ökonomische und der behavioristische, haben sich in der Praxis als sehr brauchbar erwiesen, allerdings stoßen beide auch an Grenzen, die den Zielen von Umweltbildung zuwiderlaufen. Als didaktische Mittel sind Anreize ein zweischneidiges Schwert. Zwar lässt sich mit ihnen Verhalten relativ gut steuern, doch verhindert die extrinsische Motivation oft eine erwünschte Einstellungsänderung, die zur Herausbildung von situationsresistenten Gewohnheiten nötig wäre. Bei schlecht dosierten Anreizen verschwindet das erwünschte Verhalten wieder, sobald der Anreiz abgesetzt wird. Ein Lernprozess im Sinne einer überdauernden Dispositionsänderung findet nicht statt oder führt gar in die falsche Richtung, indem die Herausbildung einer intrinsischen Motivation verhindert wird. Aus der Freiwilligenarbeit ist bekannt, dass schon das bloße Vorhandensein eines monetären Anreizsystems das Engagement hemmen kann. Bei staatlich oder durch private Geldgeber geförderten Programmen bergen Anreize zudem die Gefahr, dass sich Auftraggeber und Bildungsanbieter durch scheinbare, aber letztlich kontraproduktive »Bildungserfolge« blenden lassen. Als Konsequenz sollten Anreize in der Umweltbildung zurückhaltend und lernpsychologisch wohlüberlegt eingesetzt werden.

Das Beispiel Alu-Recycling funktioniert in der Schweiz ohne jegliches Pfand sehr gut. Es zeigt beispielshaft, wie Menschen ohne Belohnungssystem den Aufwand zur Entsorgung auf sich nehmen und sich damit entgegen dem gängigen Wirtschaftsparadigma verhalten. Soziale Normen, intrinsische Motivation aus Einsicht und durch Bildung erlangte Überzeugungen sind wirksame Treiber für Verhalten. Wohldosierte Anreize können den Umstieg auf ein neues Verhalten erleichtern, indem sie helfen, Orientierungsschwierigkeiten und sozialen Erklärungsbedarf, wie sie unweigerlich mit Einstellungsänderungen einhergehen, abzumildern. Die Anreize sollten aus didaktischen Überlegungen jedoch möglichst bald wieder abgesetzt werden. Motivatoren, die sich direkt auf Identifikation, Selbstwertgefühl und soziale Selbstdefinition – Abgrenzung oder Integration – auswirken, sind extrinsischen Anreizen immer vorzuziehen.

Für didaktisches Handeln bietet das Handlungsfeld »Anreize« aus den genannten Gründen ein reizvolles Betätigungsgebiet. Es gilt, aus den zahlreichen Anreizformen jene herauszufiltern, die der Zielgruppe und dem Bildungsauftrag am besten gerecht werden. Der Anreiz soll stark genug sein, um ein erwünschtes Verhalten zu begünstigen, aber nicht so beschaffen, dass er tiefer greifende Lernprozesse verhindert.

**Typische Verhaltenshürden**
- Ein erwünschtes Verhalten lohnt sich aus Sicht der handelnden Person nicht (vgl. Handlungsfeld »Effizienz«).
- Ein unerwünschtes Verhalten ist habitualisiert und soll verändert werden.

**Typische didaktische Aufgaben**
- Dosierter und zeitlich befristeter Einsatz von Anreizen
- Beobachtung der Wirkung und so bald wie möglich Anreize ersetzen

# 5 ANSÄTZE FÜR VERHALTENSWIRKSAME UMWELTBILDUNG

◆ Die Entwicklung wirkungsvoller Bildungsangebote ist immer eine komplexe Aufgabe. Sie lässt sich nicht auf einfache Rezepte verkürzen. ◆

## 5.1 Umweltbildung ist Bildung

Umweltbildung ist keine eigene Wissenschaft. Professionelles didaktisches Handeln in der Umweltbildung unterscheidet sich nicht von didaktischem Handeln in anderen Themenbereichen. Wie bei jeder didaktischen Planung geht es zuerst einmal darum, sich über die Gesetzmäßigkeiten des Bildungsgegenstandes, über das Zielpublikum, die Rahmenbedingungen und die angestrebte Wirkung einer Bildungsmaßnahme Klarheit zu verschaffen. Diese Analysen benötigen zum einen das disziplinäre oder interdisziplinäre Fachwissen aus dem angepeilten Themenfeld, zum Beispiel Klimaschutz, nachhaltiger Konsum usw., zum anderen makrodidaktisches Wissen für die Entwicklung einer wirkungsorientierten Bildungsstrategie und nicht zuletzt mikrodidaktisches Wissen und Erfahrung für die Umsetzung der Strategie.

Die Gestaltung von verhaltenswirksamer Umweltbildung beginnt lange vor der Auswahl von Inhalten, Medien und Lehrmethoden. Am Anfang steht eine fundierte Planung, in deren Verlauf Wirkungsziele, Rahmenbedingungen, Zielgruppe und Bildungsgegenstand so aufeinander abgestimmt werden, dass individuelles Lernen und im Endeffekt gesellschaftliches Handeln stattfinden können. Die nachfolgenden Abschnitte beleuchten einige für die Umweltbildung wichtige Planungsaspekte.

Mit der Planung und der Angebotsgestaltung ist der Gestaltungsprozess jedoch nicht abgeschlossen. Für die Umsetzung, für die Gestaltung der Beziehungsarbeit vor Ort, braucht es weitere professionelle Kompetenzen. Bildungsfachleute mit ihren spezifischen Kenntnissen und Erfahrungen, Pädagoginnen und Pädagogen für die Arbeit mit Kindern, Erwachsenenbildner/-innen für die Zielgruppe Erwachsene, Bildungsfachleute aus der soziokulturellen Animation, Naturpädagogik, Medienarbeit, Beratung usw. in ihrem je spezifischen Bereich sorgen dafür, dass Bildungsangebote und -maßnahmen das Verhalten der Lernenden nachhaltig beeinflussen können. Gut ausgebildete und erfahrene Umweltbildner und Umweltbildnerinnen sind einer der wichtigsten Faktoren für verhaltenswirksame Umweltbildung.

## 5.2 Kontext der Umweltbildung

Umweltbildung, als Beitrag zur Bildung für nachhaltige Entwicklung (BNE), ist handlungsorientiert und Teil des lebenslangen Lernens. Die Handlungsorientierung ergibt sich aus den Wirkungszielen der BNE. Sie stand im deutschsprachigen Raum lange im Schatten einer historisch bedingten Bewusstseinsorientierung. Der Paradigmenwechsel ist heute im Gang, setzt sich jedoch erst langsam auf allen Bildungsebenen durch (vgl. Abschnitt 5.2.2). Als Teil des lebenslangen Lernens findet Umweltbildung in unterschiedlichsten institutionellen Kontexten statt. Die Schule als Bildungsort, mit ihren spezifischen Rahmenbedingungen wie Lehrplan, Besuchsobligatorium und organisatorischen Restriktionen, ist nur einer von mehreren Schauplätzen. Im nachobligatorischen Lernen, in der Erwachsenenbildung, sind die Rahmenbedingungen oft weniger klar. So variieren die Bedingungs- und Entscheidungsfelder für die didaktische Planung je nach institutionellem Umfeld, und die didaktischen Handlungsspielräume müssen zu Beginn einer Planung erst ausgelotet werden (vgl. Abschnitt 5.2.1).

### 5.2.1 Lebenslanges Lernen

Umweltbildung ist ein lebenslanger Lernprozess. Da sich sowohl das Individuum und sein Umfeld als auch die Erkenntnisse der Umweltwissenschaften und die Herausforderungen der nachhaltigen Entwicklung fortwährend verändern, müssen Kompetenzen zum Umwelthandeln laufend aktualisiert und weiterentwickelt werden. Für die Lösung von akuten Umweltproblemen und als Beitrag zur gesellschaftlichen Transformation in Richtung Nachhaltigkeit spielt Erwachsenenlernen eine wesentliche Rolle. Gesellschaftliche Veränderungen können nicht an die nächsten Generationen delegiert werden, indem in der Schule Fächer wie »Mensch und Umwelt« oder »Nachhaltige Entwicklung« eingeführt werden. Die größte Wirkung für eine nachhaltige Welt entfalten nicht Kinder und Jugendliche, sondern Erwachsene. Sie gestalten die lebensweltliche Wirklichkeit und treffen Entscheidungen in Politik und Wirtschaft. Der Wandel zur Nachhaltigkeit muss folglich von der Generation vollzogen werden, die aktuell an den Schalthebeln der Gesellschaft sitzt. In diesem Sinn stellt der Wissenschaftliche Beirat für globale Umweltveränderungen (WBGU) der deutschen Bundesregierung in seinem Hauptgutachten zur »Welt im Wandel« im Jahr 2011 fest: »Lebenslanges Lernen ist gleichermaßen Notwendigkeit wie Herausforderung an Wissenschaft und Bildung« (WBGU, 2011, S. 382).

Im Erwachsenenalter findet nur noch ein geringer Teil der Bildung in formellen Ausbildungen mit staatlich anerkannten Abschlüssen statt. Ein Weiterbildungsobligatorium existiert nicht und wäre auch nicht wünschenswert. Den weitaus größten Teil der im Alltag benötigten Kompetenzen erwerben die Menschen außerhalb des formalen Bildungssystems. Laut Bundesamt für Statistik (vgl. Cranmer, Bernier & von Erlach, 2013) haben im Jahr 2011 weniger als 10 Prozent der 25- bis 65-Jährigen in der Schweiz eine formale Ausbildung besucht, gegenüber 63 Prozent, die ein nonformales Bildungsangebot besuchten, und 50 Prozent, die angeben, sich selbstständig weitergebildet zu haben. Nicht von der Statistik erfassbar ist das informelle Lernen, das »en passant« geschieht und wohl den größten Teil des außerschulischen Lernens ausmacht. Eine bis heute viel zitierte Schätzung der UNESCO (vgl. Faure u. a., 1972) geht davon aus, dass wir 70 Prozent dessen, was wir für die Lebensbewältigung brauchen, in informellen Kontexten erwerben.

Zur Charakterisierung der möglichen institutionellen Umfelder von Bildungsangeboten sind international drei Kategorien gebräuchlich: formale Bildung, nichtformale Bildung und informelles Lernen (vgl. Borkowsky & Zuchuat, 2006); Letzteres mit einem expliziten Lernziel, aber ohne Lehrenden-Lernenden-Beziehung. In der Erwachsenenbildung wird das informelle Lernen oft weiter unterteilt in informelle Bildung und selbstgesteuertes, von den Lernenden selbstständig organisiertes Lernen. Daraus ergeben sich für das lebenslange Lernen vier Typen von institutionellen Rahmenbedingungen:

| Formale Bildung | Intentionales, auf einen Abschluss bezogenes Lernen in Institutionen des staatlichen Bildungssystems. Es bestehen Ausbildungsreglemente und Lehrpläne. Abschluss mit einer staatlich anerkannten Qualifikation. Beispiele: Volksschule, Berufsbildung, Mittelschulen, Hochschulen. |
|---|---|
| Nonformale Bildung | Intentionales Lernen außerhalb des formalen Bildungssystems. Es bestehen Ausbildungsreglemente und Lehrpläne. Zertifikate oder andere Abschlüsse sind möglich, in der Regel jedoch ohne staatliche Anerkennung. Beispiele: Kurse und Weiterbildungen am Arbeitsplatz, in Verbänden, Parteien und bei privaten Organisationen. |
| Selbstgesteuertes Lernen | Intentionales Lernen mit weitgehender Selbstbestimmung über Ziele, Inhalte und Methoden des Lernens. Institutionalisierte Kurse können Teil solcher Lernprojekte sein. Selbstgesteuertes Lernen ist rein intrinsisch motiviert oder mit Lebensphasen verbunden, die eine Neuorientierung erfordern (berufliche Neuausrichtung, Geburt des ersten Kindes, plötzliche Erkrankung usw.). Beispiel: Bewusstes Aneignen von Wissen und Können im Hobby mithilfe von Fachliteratur, Internetrecherchen, Kursen, Chatforen und als Teil einer Community of Practice. |
| Informelle Bildung | Beiläufiges, häufig unbewusstes Lernen im Alltag (Learning by Doing, Lernen »en passant«). Informelle Bildung kann, aber muss nicht, von Bildungsanbietern geplant und gestaltet sein. Beispiele:<br>Lernen »en passant«: Vertiefung und Weiterentwicklung von Kompetenzen im Beruf; Lernen durch Medienkonsum; Umstieg auf öffentliche Verkehrsmittel wegen einer veränderten Wohn-/Arbeitssituation; Übernahme von Führungsaufgaben im Verein<br>Organisierte informelle Bildung: Themenwege, Ausstellungen, Tages- und Fachmedien, Kommunikationskampagnen usw. |

Tabelle 1: Lernorte – Institutionelle Umfelder für Bildung

Je nach institutionellem Umfeld ergeben sich für die didaktische Planung unterschiedliche Handlungsspielräume und Rahmenbedingungen. So muss ein Umweltbildungsangebot für Schülerinnen und Schüler (formale Bildung) in einen Lehrplan eingebettet werden und kann dafür auf eine relativ klare Zielgruppencharakterisierung zurückgreifen. Für eine Bildungsmaßnahme zur Förderung von langlebigen Konsumgütern hingegen muss zuerst die Zielgruppe bestimmt und ein passender institutioneller Kontext gefunden werden. Die Maßnahme, oder eher ein Bündel von Maßnahmen, kann in unterschiedlichen institutionellen Umfeldern platziert werden. In der informellen Bildung lassen sich Zielgruppen mit einer Kampagne und Medienarbeit für die Notwendigkeit von langlebigen Produkten sensibilisieren. In der formalen Bildung können Berufsleute mit einem Weiterbildungsstudiengang zum Thema gezielt ausgebildet werden, und in der nonformalen Bildung lassen sich Entscheidungsträger aus dem Fachhandel mit einer Tagung auf den neuesten Stand bringen.

Die Wahl und Charakterisierung des institutionellen Umfeldes gehört in der Umwelt-Erwachsenenbildung zu den ersten Schritten jeder didaktischen Planung. Da Erwachsene ihre Kompetenzen zum größten Teil im Modus des selbstgesteuerten und informellen Lernens weiterentwickeln, sind vor allem Angebote in der informellen und nonformalen Bildung von Interesse.

Ein wesentliches Charakteristikum ist dabei die Freiwilligkeit der Teilnahme. Bildungsangebote müssen von der Zielgruppe als interessant, brauchbar und sinnvoll eingeschätzt werden, sonst werden sie nicht in Anspruch genommen. Damit stehen Teilnehmerorientierung und Zielgruppengerechtigkeit als didaktische Prinzipien im Vordergrund. Die lebensweltlichen Rahmenbedingungen der Zielgruppe bestimmen die möglichen Lernsettings, und die vermittelbaren Inhalte werden eher durch die Interessen der Teilnehmenden bestimmt als durch die Sachlogik des Themas.

Ein anderes Charakteristikum ist die Rolle der Lehrkraft. Ihre Aufgabe variiert von der Animation zum Lernen über die Moderation von Lernprozessen bis hin zu zielgerichtetem Training. Bei informellen Bildungsangeboten fällt die Rolle eines vermittelnden Sachverständigen oder einer Ausbildnerin vor Ort weg, und der Übergang von Umweltbildung zu Umweltkommunikation wird fließend. Doch selbst im Rahmen der formalen und nonformalen Bildung erfolgt die Lenkung der Lernprozesse oftmals durch die Lernenden selbst, im Modus des selbstgesteuerten Lernens. Das institutionelle Umfeld der Umwelt-Erwachsenenbildung unterscheidet sich stark vom formalen Kontext der öffentlichen Schulen. Während für die Umweltbildung mit Kindern und Jugendlichen in der Fachliteratur ein großes Repertoire an methodischen und inhaltlichen Konzepten zu finden ist, befindet sich die Umwelt-Erwachsenenbildung noch in den Kinderschuhen. Bildungskonzepte zur Weiterentwicklung von Nachhaltigkeitskompetenzen im Erwachsenenalter sind von der Wissenschaft noch ungenügend reflektiert und in der Fachliteratur erst ansatzweise zu finden.

**Empfohlene Vertiefungsliteratur**
- Martin Beyersdorf, Gerd Michelsen und Horst Siebert (1998). *Umweltbildung. Theoretische Konzepte, empirische Erkenntnisse, praktische Erfahrungen.* Neuwied: Luchterhand. Mit einem Beitrag von Horst Siebert zum Self-directed Learning (S. 94–98).
- Klaus Künzel (Hrsg.) (2005). Informelles Lernen – Selbstbildung und soziale Praxis. *Internationales Jahrbuch der Erwachsenenbildung, 31/32.* Köln: Böhlau.
- Michael Brodowski u. a. (2009). *Informelles Lernen und Bildung für eine nachhaltige Entwicklung. Beiträge aus Theorie und Praxis.* Opladen: Barbara Budrich.
- Étienne Wenger-Trayner u. a. (2014). *Learning in landscapes of practice. Boundaries, identity, and knowledgeability in practice-based learning.* London: Routledge.

### 5.2.2 Handlungsorientierte Bildung

Umweltbildung ist per se handlungsorientiert. Ihre generellen Ziele lassen sich so zusammenfassen: Oberstes Wirkungsziel ist eine zukunftsfähige Entwicklung der Menschheit angesichts der Grenzen des Wachstums auf dem Planeten Erde. Oberstes Bildungsziel ist die Fähigkeit und Bereitschaft der Menschen, selbstbestimmt und verantwortungsbewusst die Tragfähigkeit der ökologischen Ressourcen sicherzustellen und die Zukunftsfähigkeit der Gesellschaft mitzugestalten. Als Teilbereich der Bildung für nachhaltige Entwicklung will Umweltbildung Wirkungsziele erreichen, beispielsweise einen wirkungsvollen Klimaschutz. Dies setzt bestimmte Verhaltensweisen voraus, wie ein verändertes Mobilitätsverhalten oder eine klimaschonende Produktion von Konsumgütern. Der Erfolg von Umweltbildungsmaßnahmen misst sich letztlich am Verhalten der Menschen. Nur eine Umweltbildung, die verhaltenswirksam konzipiert und handlungsorientiert ausgestaltet ist, wird ihre Ziele erreichen.

Die von der IUCN (International Union for the Conservation of Nature) 1971 und der UNO-Umweltkonferenz in Tiflis 1977 in internationalen Gremien erarbeiteten Umweltbildungs-Definitionen basieren mit der Gewichtung von »skills, feelings of empowerment, positive behaviour in every day living« und »active participation« bereits auf einem handlungsorientierten Bildungsverständnis. Dabei werden affektive, soziale und praktische Fähigkeiten, die sich in Selbstkompetenz,

Sozialkompetenz, Werten und Fertigkeiten zeigen, in der Bildungsarbeit den kognitiven Fähigkeiten nicht untergeordnet, wie beim bewusstseinsorientierten Paradigma, sondern gleichwertig einbezogen. In einem handlungsorientierten Bildungsverständnis ist Umweltbewusstsein eher ein Nebenprodukt und nicht primäre Zielgröße. Aus umweltschonendem Handeln im Lebenskontext entwickeln sich Kompetenzen, und parallel dazu bildet sich in einem zirkulären Prozess ein verhaltenswirksames Umweltbewusstsein heraus. Es geht hier nicht so sehr um die Frage, ob Wissensvermittlung oder Aktivität am Anfang des Lernens stehen müssen. Es geht vielmehr um die Frage, ob der nach wie vor dominierende kognitive Zugang genügt, um eine Veränderung in der Welt zu bewirken. Lernen wird erst verhaltenswirksam, wenn es sich in konkreten Aktivitäten im Lebenskontext bewährt hat. Ziel jeder Umweltbildung muss deshalb Verhalten, die bewusste oder unbewusste Handlung sein. Dazu muss sie Können, Wollen und Wissen als gleichwertige Bildungsinhalte einbeziehen. Welcher Lernweg gewählt wird, vom Wissen zum Handeln oder vom Handeln zum Wissen, ist vom Kontext des Bildungsangebotes abhängig.

Im deutschsprachigen Europa hat sich Umweltbildung lange auf Umweltbewusstsein als oberstes Bildungsziel beschränkt und dabei Umwelthandeln als Lernziel und -inhalt vernachlässigt. Damit bleibt vieles, was in deutscher Sprache zum Thema veröffentlicht wurde – und immer noch veröffentlicht wird –, unvollständig. Unsere Kultur begegnet aus Gründen, die primär in der Geschichte Europas und im vorherrschenden geisteswissenschaftlichen Bildungsparadigma zu suchen sind, traditionellerweise allen handlungsorientierten Bildungsansätzen mit einer grundlegenden Skepsis, die es für eine wirksame Umweltbildung zu überwinden gilt. Ein Teil der Skepsis entspringt der berechtigten Angst vor einer unzulässigen Instrumentalisierung von Bildung. Wie mit dieser Gefahr verantwortungsvoll umgegangen werden kann, beantwortet der deutsche Bildungsexperte Horst Siebert (2000, S. 24) mit seiner Maxime »Pädagogik ist nicht befugt, Antworten auf komplexe politische, ethische oder ökologische Fragen zu geben. Sie kann und sollte eine verantwortliche, lernende Auseinandersetzung mit Komplexität fördern.«

Ein Rückblick auf die anscheinend erfolglosen Bildungsbemühungen der letzten 45 Jahre zeigt: Das Umweltbewusstsein in der Bevölkerung Deutschlands – für die Schweiz kann von vergleichbaren Effekten ausgegangen werden – ist nachweislich gestiegen, umweltverantwortliches Handeln jedoch nur in ungenügendem Maß (vgl. Kuckartz & Rheingans-Heintze, 2006). Offensichtlich haben sowohl der wissenslastige, naturwissenschaftliche Ansatz »kennen – verstehen – schützen« als auch der geisteswissenschaftliche Ansatz »Wissen – Bewusstsein – Verhalten« versagt. Die Umweltbildungsforschung in Deutschland hat seit Anfang der 1990er-Jahre mehrfach belegt, dass »das vorhandene Umweltwissen kaum einen Einfluss auf die Umwelteinstellungen besitzt und die Einstellungen nicht mit dem Verhalten zusammenhängen« (Grunenberg & Kuckartz, 2007, S. 200). Ein allgemeines Umweltbewusstsein als Voraussagekriterium für umweltschonendes Verhalten ist empirisch nicht belegbar. Umweltbewusstsein ist immer thematisch auf konkrete Problemstellungen ausgerichtet. Wer bezüglich Abfall ein ausgeprägt ökologisches Verhalten zeigt, muss dies nicht automatisch auch bezüglich Energienutzung oder Mobilität tun. Der Begriff Umweltbewusstsein ist, wie die umfangreiche Literatur zum Thema zeigt, nur schwer zu fassen und dadurch ungeeignet, um daraus konkrete Lernziele, -inhalte oder gar Lernwege abzuleiten.

Bewusstsein führt nicht unbedingt zu Handeln, eher führt Handeln zu Bewusstsein. Dafür sprechen gewichtige Argumente aus unterschiedlichen Disziplinen. Der Psychologe August Flammer (2003, S. 271) argumentiert aus entwicklungspsychologischer Sicht: »Kompetenzen sind das Resultat von Performanzen.« Lernen ereignet sich im aktiven Vollzugsprozess (zur Performanz vgl. Abschnitt 5.3.2). Kompetenzen sind zwar Produkte des Lernens und der Entwicklung, aber letztlich nur Performanzmöglichkeiten. »Wenn Entwicklung für etwas ›gut‹ sein soll, dann nur, wenn Kompetenz auch wieder in Performanz umgesetzt wird« (Flammer, 2003, S. 271). Horst Siebert schreibt: »Häufiger, als Wissen eine Verhaltensänderung bewirkt, scheint eine Handlung (z. B. Hausbau) einen Wissenserwerb zu verursachen« (Beyersdorf, Michelsen & Siebert, 1998, S. 81), und: »Aus Betroffenheit und Handlungskontexten heraus entsteht ein Interesse an relevantem Wissen« (Siebert, 2000, S. 22). Der Soziologe und Transformationsforscher Harald Welzer zeigt in seinen Büchern und Vorträgen auf, dass ein aus der Vergangenheit gewonnenes Wissen allein nicht genügt, um die Herausforderungen einer nachhaltigen Entwicklung zu meistern: »Das für die nachhaltige Moderne nötige Wissen entsteht und erprobt sich im Entwerfen, Ausprobieren, Experimentieren, Prüfen, Austauschen, Generalisieren, erneut Ansetzen usf.« (Welzer, 2015, S. 358). Aus allen drei Sichtweisen wird klar: Mehr als das Umweltbewusstsein ist die Handlung – der aktive Vollzug – die zentrale Dimension von Umweltbildung.

Der Paradigmenwechsel zu einem handlungsorientierten Bildungsverständnis scheint langsam Fahrt aufzunehmen, aber vorerst noch zögerlich. In der Grundlagenforschung der Psychologie, Soziologie und Bildung findet er aktuell statt, und in der Umweltbildungspraxis ist er etabliert. Auf der konzeptionellen Ebene, wo die Entscheidungsträger/-innen oft zwar Fachwissen, nicht aber reflektierte Umweltbildungserfahrung mitbringen, hat er sich noch nicht durchgesetzt. Zwar finden sich in deutschsprachigen Konzepten ab Mitte der 1990er-Jahre zunehmend handlungsorientierte Ansätze, so in der sozio-ökologischen Umweltbildung (vgl. Kyburz-Graber, Rigendinger & Hirsch Hadorn, 1997) oder im Konzept der Gestaltungskompetenz (vgl. de Haan, 2008). In seinen Empfehlungen an die deutsche Bundesregierung zur »Welt im Wandel« hält der Wissenschaftliche Beirat Globale Umweltveränderung (WBGU) jedoch noch 2011 daran fest, dass es die Förderung von Verständnis und Bewusstsein in der Bevölkerung sei, die dem gesellschaftlichen Wandel in Richtung Nachhaltigkeit zum Durchbruch verhelfe.

Das Gutachten deklariert mit Abschnitt »6.1 Vom Wissen zum Handeln? – Vom Handeln zum Wissen!« einen Paradigmenwechsel im Bildungsverständnis. Die Autoren betonen: »Diese und weitere Beispiele zeigen, dass individuelle wie kollektive Innovationsprozesse oftmals weniger durch kognitive Wissensbestände ausgelöst werden als durch lebensweltlich motivierte Veränderungs- und Reformbedürfnisse« (WBGU, 2011, S. 256). Die Bewegung führe »vom experimentell-explorativen Handeln zu kognitiven Einsichten«. Nichtsdestotrotz drehen sich die Empfehlungen für den Bereich Bildung in Kapitel 8 ausschließlich darum, wie »in der Bevölkerung transformationsrelevantes Wissen durch Bildung etabliert bzw. gestärkt werden kann« (ebd., S. 375), um letztlich das alte Paradigma zu zementieren: »Vom Wissen zum Handeln. Die Wissensaneignung ist damit die erste, aber längst nicht ausreichende Bedingung für Handlungen zur Unterstützung der Transformation« (ebd., S. 377). Der Paradigmenwechsel findet in den Empfehlungen nicht statt. Handeln muss vor dem Wissen stehen. Die erwähnten »individuellen Innovationsprozesse« sind nichts anderes als selbstgesteuertes, selbstreferenzielles Lernen. Neue, aus den Alltagsanforderungen entwickelte Handlungsweisen verändern die Disposition der Handelnden, führen zu neuem Wissen und zu revidierten Einstellungen. Didaktische Ansätze, die diesen Erkenntnisweg unterstützen, sind das Erfahrungslernen und das transformative Lernen (vgl. Abschnitte 5.3.4 und 5.3.6).

## 5.3 Interventionen zur Veränderung von Dispositionen

Für die didaktische Arbeit auf der Dispositionsseite des Brückenmodells ergeben sich aus dem Anspruch auf Verhaltenswirksamkeit und einem handlungsorientierten Bildungsparadigma, das Wissen, Können und Wollen gleichwertig gewichtet, drei zentrale didaktische Prinzipen: Lernprozessorientierung (vgl. Abschnitt 5.3.1), Kompetenzorientierung (vgl. Abschnitt 5.3.2) sowie zielgruppen- und themenspezifische Bildung (vgl. Abschnitt 5.3.3). Diese Prinzipien lassen sich auf vielfältige Weise umsetzen; drei wichtige Ansätze werden in den folgenden Abschnitten näher beleuchtet: Erfahrungslernen (vgl. Abschnitt 5.3.4), das sich direkt aus der Handlungs- und Kompetenzorientierung ableitet, Einstellungsarbeit (vgl. Abschnitt 5.3.5) als Voraussetzung für die Entwicklung des Wollens und transformatives Lernen (vgl. Abschnitt 5.3.6) als Zugang zur Veränderung von Wertsystemen und subjektiven Deutungen.

### 5.3.1 Didaktisches Prinzip: Lernprozessorientierung

Wirkungsorientierte und der individuellen Freiheit verpflichtete Bildung steckt in einer scheinbaren Zwickmühle: Sie hat die Aufgabe, zur Veränderung von Denken, Fühlen und Handeln beizutragen, hat aber keinen direkten Zugriff auf die Prozesse, die dafür verantwortlich sind. Erstens handelt es sich um innere, psychophysische Prozesse, und zweitens liegt die alleinige Zuständigkeit für das Lernen bei der lernenden Person selbst. Die Einflussnahme ist somit beschränkt. Wir können Erfahrungsmöglichkeiten schaffen, die geeignet sind, Veränderungsprozesse auszulösen, und Maßnahmen bereitstellen, die einen Teil der verdeckten Prozesse sichtbar machen. Didaktisches Handeln wirkt damit immer indirekt und agiert in einem nur über Wahrscheinlichkeiten definierten System bezüglich ihrer zentralen Prozesse.

Trotz indirekter Wirkung und fehlendem Einblick brauchen wir für die Bereitstellung von zielgerichteten Bildungsangeboten eine Vorstellung von den Lernprozessen und davon, wie sie beeinflusst werden können. Eine praxistaugliche Kategorisierung bilden die sechs Typen von Lernprozessen gemäß Tabelle 2. Die »Lerntypen« oder »Lernarten« beschreiben keine Lehr-/Lernmethoden, sondern psychische Prozesse. Sie unterscheiden sich darin, «unter welchen Bedingungen der Lernvorgang zustande kommt, und darin, für welche Art von Disposition (Sachwissen, soziale Fertigkeiten usw.) sie besonders bedeutsam sind» (Nolting & Paulus, 1999, S. 69). Die sechs Lerntypen bilden ein brauchbares Werkzeug für die didaktische Arbeit an Dispositionen (vgl. Tabelle 2).

| Lernprozess | Beschreibung / weitere geläufige Bezeichnungen | Bedeutsam im didaktischen Handlungsfeld des Brückenmodells (Beispiele) |
| --- | --- | --- |
| klassische Konditionierung | Signallernen, respondente/reaktive Konditionierung, bedingter Reflex | Einstellungen, subjektive Realität |
| Lernen am Effekt | operante/instrumentelle Konditionierung, Lernen an Erfolg/Misserfolg, Lernen durch Bekräftigung/Verstärkung | Handlungsschemata, subjektive Realität, Einstellungen |
| Lernen am Modell | Lernen durch Beobachtung, Imitationslernen | Handlungsschemata, Einstellungen |
| kognitiv-assoziatives Lernen | mechanische Verknüpfung von Bewusstseinsinhalten gedanklicher oder sprachlicher Art | Wissen, z. B. Sprachlernen, Fachvokabular, »Eselsbrücken« |
| kognitiv-sinnhaltiges Lernen | Lernen von Bedeutungen/Sinnzusammenhängen | Wissen, Vertiefung von Dispositionen, die mittels anderer Lernarten erworben wurden, durch bewusste Reflexion |
| problemlösendes Lernen | produktives Denken, entdeckendes Lernen | Verknüpfung von Dispositionen aus mehreren Handlungsfeldern |

Tabelle 2: Sechs Typen von Lernprozessen (nach Nolting & Paulus, 1999)

Die sechs Typen erlauben eine gezielte, auf ein konkretes Bildungsanliegen abgestimmte Wahl der Lernprozesse. Für die Umweltbildung sind alle sechs wichtig. Häufig wirken für ein Lernergebnis auch mehrere Prozesse zusammen. Bewusstes und unbewusstes Lernen ergänzen sich zur Bildungswirkung einer Maßnahme. Im Kontext von lebenslangem und informellem Lernen ist zu beachten, dass Lernen nicht gleich Denken ist (vgl. Nolting & Paulus, 1999, S. 76). Die ersten drei Typen, klassische Konditionierung, Lernen am Effekt und Lernen am Modell, kommen auch ohne bewusstes Denken aus. Sie geschehen häufig unbewusst und führen trotzdem zu tief greifend veränderten Dispositionen. Um diese Prozesse anzuregen und zu gestalten, können andere Zugänge genutzt werden als für kognitiv dominierte Lernarten.

Das didaktische Prinzip »Lernprozessorientierung« fragt bereits in der Planungsphase nach der angestrebten Lernart. Je nach Bildungsziel und Rahmenbedingungen wird die erfolgversprechendste ausgewählt, und Lernaktivitäten, Lerninhalte und Lernbegleitung werden auf die angepeilten Lernprozesse ausgerichtet.

### 5.3.2 Didaktisches Prinzip: Kompetenzorientierung

Verhaltensorientierte Bildung zielt auf bewusstes oder unbewusstes Handeln. Wissenserwerb oder die Arbeit an Einstellungen geschehen immer im Hinblick auf eine Ausweitung der Handlungsfähigkeit der Lernenden. Ein anderer Begriff für diese didaktische Ausrichtung ist »Kompetenzorientierung«. Eine Kompetenz ist, sinngemäß nach Guy Le Boterf (2015), die Fähigkeit, persönliche Ressourcen zur Lösung von Problemen und Herausforderungen des Lebens einzusetzen. Nach dem didaktischen Prinzip »Kompetenzorientierung« dienen die durch Lernprozesse erworbenen Einsichten, Fähigkeiten und Fertigkeiten als Ressourcen für lebensweltliches Handeln. Kompetenz umschreibt dabei das Potenzial zu handeln. Im Kompetenzverständnis von Le Boterf ist für die didaktische Planung differenziert zu unterscheiden zwischen den drei Kategorien Ressourcen, Kompetenz und Performanz.

Abbildung 6: Ressourcen, Kompetenz, Performanz (in Anlehnung an Furrer, 2000)

**Kompetenz** beschreibt eine Handlungsbereitschaft. Sie ist ein unsichtbares Potenzial, die theoretische Möglichkeit, eine bestimmte Leistung zu erbringen. Kompetenzen entwickeln und festigen sich in der Bewältigung von Herausforderungen, indem die handelnde Person Ressourcen mobilisiert und für eine Aufgabe eine funktionierende Lösung findet. Eine Kompetenz wird erst in der Performanz sichtbar. Lerntheoretisch basiert jede neue Kompetenz auf bereits vorhandenen Kompetenzen, denn lernbar ist nur, was anschlussfähig ist.

**Ressourcen** sind die physische und psychische Konstitution, Wissen, Fertigkeiten, Fähigkeiten, Einstellungen usw., die zur Lösung von Aufgaben mobilisiert werden können.[2] Gefestigte Kompetenzen werden in einem neuen Lernprozess automatisch zu Ressourcen, die Lernspirale dreht sich eine Windung weiter. Träges Wissen zählt in dieser Definition nicht zu den Ressourcen. Da es in einer konkreten Anwendungssituation nicht mobilisiert werden kann, steht es faktisch nicht zur Verfügung.

**Performanz** ist die tatsächlich gezeigte Leistung bei der Lösung von Problemen und Herausforderungen. Performanz kann im Gegensatz zu Kompetenz beobachtet werden. In der Performanz finden aber auch die eigentlichen Lernprozesse statt. Flammer (2003, S. 271) schreibt dazu: »So ist Performanz die wichtigste Voraussetzung für Entwicklung und gleichzeitig der Sinn der Entwicklung.« Lerntheoretisch sind Performanzen bedeutsam als Lernaktivität und gleichzeitig als überprüfbares Lernergebnis. Eine Performanz zeigt allerdings nie die ganze Kompetenz einer Person, sondern nur so viel, wie die aktuelle Handlungssituation, die Aufgabenstellung, zulässt.

Damit ein Bildungsangebot eine Wirkung auf das Verhalten entfalten kann, muss es sich an den Kompetenzen der Lernenden orientieren, nicht an den Ressourcen. Am Beispiel der Wissensvermittlung heißt dies: Selbst deklaratives Wissen, das in einer Prüfung abgefragt werden kann, ist träges Wissen, solange es nicht für die Bewältigung von Aufga-

---

2  Le Boterf weist mit Nachdruck darauf hin, dass neben den »inneren« auch die »äußeren« Ressourcen des Umfeldes Teil der personalen Kompetenz sind. Als kompetent gilt in diesem Fall nicht nur, wer eine Aufgabe selbstständig lösen kann, sondern auch jemand, der fähig ist und die Mittel hat, äußere Unterstützung für die Lösung seiner Probleme und Herausforderungen zu mobilisieren (z. B. die Kompetenz von Mitarbeitenden, Hilfsmittel, Geld, Macht).

ben zur Verfügung steht. Neu aufgenommene Informationen werden erst verhaltenswirksam, wenn sie nicht nur als träges Einzelwissen gespeichert, sondern verknüpft mit anderen Ressourcen als Kompetenz für lebensweltliches Handeln zur Verfügung stehen. Didaktische Planung hat somit zwei Aufgaben: erstens die benötigten Ressourcen vermitteln und zweitens Performanzen ermöglichen, das heißt, Situationen schaffen, in denen die Ressourcen herausgefordert werden, damit sich neue Kompetenzen entwickeln. Lernaktivitäten und Lehrinhalte sind die »didaktischen siamesischen Zwillinge«.

Das didaktische Prinzip »Kompetenzorientierung« fragt bei der didaktischen Planung nach den zukünftigen Verwendungssituationen für Wissen, Einstellungen und Fertigkeiten. Aus den Anforderungen dieser Situationen werden die Lernziele und Inhalte abgeleitet. In der methodischen Umsetzung bevorzugt das Prinzip handelndes Lernen in authentischen Anwendungssituationen.

**Typische didaktische Aufgaben**
- Information (kognitive, emotionale, sensumotorische usw.) zugänglich machen
- Lernaktivitäten auslösen, die
  - vorhandene Kompetenzen herausfordern (Ressourcentest)
  - Erlebnisse ermöglichen. Erlebnis ist das Gewahrwerden der eigenen Innenwelt, ausgelöst durch ein äußeres Ereignis.
- Redundante Bildungsmaßnahmen und Angebote bereitstellen. Kompetenzentwicklung braucht Zeit, Wiederholung und Variation; punktuelle Bildungsmaßnahmen können das psychische System allenfalls irritieren, für eine Kompetenzentwicklung genügen sie jedoch nicht.

Die Vermittlung bzw. der Erwerb von Ressourcen wie Wissen, veränderte Deutungsmuster und aufgabenbezogene Fertigkeiten (Skills) sind wichtige Teilaufgaben der Umweltbildung – dies stets im Bewusstsein, dass Ressourcenerwerb allein nicht zu Handlungsfähigkeit führt. Erst die Erprobung und Ausdifferenzierung in der Praxis führt von der Ressource zur Kompetenz, und erst die Herausforderung der Kompetenz in einer konkreten Lebenssituation überbrückt die Kluft zwischen Können und Handeln.

### 5.3.3 Didaktisches Prinzip: Zielgruppen- und themenspezifische Bildung

Umweltsensibilität, als allgemeine Bereitschaft, Umweltaspekte im eigenen Handeln zu berücksichtigen, ist eine wichtige Einstiegsvariable für eine nachhaltige Lebensgestaltung. Ein allgemeines Umweltbewusstsein, als handlungsleitende Einstellung, die in allen Lebensbereichen zu nachhaltigem Handeln führen würde, ist jedoch eine Illusion, wie Kuckartz und de Haan schon vor zwanzig Jahren empirisch nachgewiesen haben (vgl. Kuckartz & de Haan, 1996). Andere Umweltbewusstseinsforschung, ältere und neuere, kommt zum immer selben Ergebnis: Umweltbewusstsein bezieht sich immer auf spezifische Themen wie Abfalltrennung, Mobilität oder Lebensmittelkonsum. Heiko Grunenberg und Udo Kuckartz schreiben als Fazit aus ihrer Forschung: »Es entwickelt sich bei den einzelnen Menschen hinsichtlich ihrer Umwelteinstellungen und -verhaltensweisen eine Ausdifferenzierung in ›Spezialgebiete‹, in denen für sie Umwelt eine wichtige Rolle spielt. Andere Gebiete können davon im Gegenzug wenig berührt sein« (Grunenberg & Kuckartz, 2007, S. 204). Umweltbewusstsein, -einstellungen, -verhalten und offensichtlich auch Umweltwissen entwickeln sich themenspezifisch und entlang der Lebensrealität eines jeden Menschen. Allgemeine Bildungsmaßnahmen für die breite Bevölkerung sind wenig sinnvoll, denn sie sind weitgehend wirkungslos. Bildungsmaßnahmen und -angebote können dann eine Wirkung entfalten, wenn sie themenspezifisch und auf Akteure und ihre Handlungssysteme ausgerichtet sind.

**Beispiel:** Für die Veränderung der Ressourceneffizienz von Konsumgütern sind die Hauptakteure zuerst einmal Produkteentwickler, Produzenten, Investoren und Händler, die bestimmen, welche Produkte auf den Markt kommen. In zweiter Linie sind es nationale Legislative und Exekutive (»der Staat«), die regulatorische Rahmenbedingungen schaffen, und zuletzt in der Kette die Konsumenten und Konsumentinnen mit ihren Kaufentscheiden. Die »Nutzungskette« von der Herstellung über den Gebrauch bis zur Entsorgung ist nicht linear, sondern ein systemisches Geflecht, das von zahlreichen Handlungssystemen zahlreicher Akteure bestimmt wird. Konsumenten und Konsumentinnen beeinflussen über die Nachfrage das Verhalten der Investoren. Produzenten orientieren sich je nach persönlichem Wertsystem an ökologischer Nachhaltigkeit oder an Gewinnmaximierung. Individuen haben in ihren unterschiedlichen Rollen als Privatperson, Staatsbürger und Berufsperson Zugang zu unterschiedlichen Handlungssystemen, um die Ressourceneffizienz von Konsumgütern zu verbessern. All diese Akteure in ihren jeweiligen Handlungssystemen sind potenzielle Zielgruppen für Umweltbildungsangebote.

Jeder Themenbereich, Energieerzeugung, Konsum, Biodiversität usw., hat seine disziplinären Gesetzmäßigkeiten und seine spezifische Bedeutung für eine bestimmte Zielgruppe. Bildungsplanung muss beide Perspektiven berücksichtigen. Hintergrundwissen zu einem Thema soll aus disziplinärer Sicht richtig sein, um nachhaltige Entscheidungen zu ermöglichen. Orientierungswissen soll den Lernenden die Entscheidungen in ihrem Handlungskontext erleichtern. Für die Auswahl der Bildungsinhalte bedeutet das: Die Frage nach dem »richtigen« Hintergrundwissen zu einem Thema findet ihre Antwort in den wissenschaftlichen Theorien der entsprechenden Disziplin. Es wird nach dem Kriterium »Wahrheit« – im Sinn einer Bewährung im breiten wissenschaftlichen Diskurs – ausgewählt. Die Frage nach dem »richtigen« Orientierungswissen beantwortet sich aus der subjektiven Bedeutung des Themas, aus der Anschlussfähigkeit von neuen Informationen und der Viabilität von Handlungsoptionen im Lebenskontext der Lernenden. Eine Zielgruppe wird sich dann freiwillig auf ein Thema einlassen, wenn sie sich direkt angesprochen fühlt und wenn die Lernziele nachvollziehbar und aus subjektiver Sicht sinnvoll sind. Die didaktische Entscheidung darüber, was als Bildungsinhalt richtig sei und was falsch, kann nur von den Lernenden her getroffen werden. Wissenschaftliche Vollständigkeit ist für verhaltensorientierte Bildung weniger wichtig als subjektive Anschlussfähigkeit. »Erwachsene lernen nur dann wirksam, wenn die ihnen angetragenen Orientierungen, Erklärungen und Deutungsmuster etwas mit ihrem Leben und ihrer Wirklichkeit zu tun haben« (Arnold, Nolda & Nuissl, 2010).

Themen- und zielgruppenspezifische Bildung als didaktisches Prinzip erfordert Lebensweltbezug und Anschlussfähigkeit – zwei Bedingungen, die das didaktische Handeln auf allen Ebenen und in allen Bereichen prägen: von der Analyse über die Angebotsplanung bis zur Durchführung von Angeboten und Maßnahmen.

**Typische didaktische Aufgaben**
- Analyse von Thema, Akteuren und Handlungssystemen: Orientierung an Verwendungssituationen:
  - Welche Zielgruppen sind in welcher Weise im Themenbereich tätig oder mit dem Thema konfrontiert?
  - In welchen Situationen ist eine spezifische Zielgruppe aktuell und in Zukunft mit dem Thema konfrontiert?
  - Welche Dispositionen sind nötig, um in diesen Situationen handlungsfähig zu sein?
- Analyse der Handlungsvoraussetzungen jeder spezifischen Zielgruppe (= Dispositionsseite des Brückenmodells):
  - Welche Dispositionen bringt eine spezifische Zielgruppe, bezogen auf das Thema, mit?
  - Wie haben sich diese Dispositionen bei der Zielgruppe biografisch entwickelt?
  - Welche historischen Ereignisse und lebensweltlichen Erfahrungen haben die Individuen der Zielgruppe, bezogen auf das Thema, gemeinsam?
  - Welche gemeinsamen Prämissen des Denkens und Fühlens beeinflussen den Umgang der Zielgruppe mit dem Thema?
- Analyse der situativen Verhaltensfaktoren (= Situationsseite des Brückenmodells):
  - Wie beeinflussen situative Faktoren (objektive Realität, Handlungsmöglichkeiten, Effizienz von Handlungsoptionen, Anreize) das zukünftige individuelle Handeln?
- Makro- und mikrodidaktische Planung für eine spezifische Zielgruppe:
  - Wahl von Bildungszielen, die sich aus dem generellen Ziel der Umweltbildung »Kompetenz und Bereitschaft, in der eigenen Lebenswelt als Bürger/-in, Berufs- und Privatperson nachhaltig zu handeln« ableiten lassen
  - Wahl von Lernzielen und -inhalten, die sich auf das Handlungssystem der Zielgruppe beziehen
  - Wahl von Lerninhalten und Lehr-/Lernmethoden, die anschlussfähig an die Vorkenntnisse und Vorerfahrungen der Zielgruppe sind
- Mikrodidaktische Planung und Durchführung: Lebensnähe, Alltagsorientierung:
  - Erfassen und Einbezug von Vorkenntnissen der Teilnehmenden

- Sprachliche Anschlussfähigkeit (Alltagssprache oder Fachsprache?)
- Anschlussfähigkeit an Denk-, Fühl- und Wahrnehmungsmuster der Teilnehmenden
- Beiträge zur situationsbezogenen Lebensbewältigung
- Verknüpfung von neuen Informationen, Erklärungen und Deutungsangeboten mit der lebensweltlichen Erfahrung der Lernenden ermöglichen
- Der Abstraktionsgrad von Hintergrund- und Orientierungswissen orientiert sich am Bedarf der Teilnehmenden, nicht am wissenschaftlichen Stand der Erkenntnisse.
- Exploratives Handeln im Alltag statt eines wissenschaftlich-theoretischen Zugangs sorgt für Offenheit gegenüber neuem Wissen und ermöglicht selbst entwickelte, viable und tragfähige Lösungen.
- Verknüpfung von erwünschten neuen Gewohnheiten mit dem lebensweltlich erworbenen, habitualisierten und flexibilisierten Verhaltens- und Erlebensgeflecht ermöglichen

### 5.3.4 Didaktischer Ansatz: Erfahrungslernen

Kompetenzorientierung (vgl. Abschnitt 5.3.2) lässt sich nicht vom didaktischen Ansatz des Erfahrungslernens trennen. Kompetenzen mobilisieren und verknüpfen Ressourcen zur Lösung von Aufgaben. Ressourcen können in unterschiedlichen didaktischen Settings erworben werden. Für die Entwicklung von Kompetenzen braucht es jedoch immer ihre Anwendung in konkreten Problemlösungen und die Vertiefung durch Erfahrung. Erfahrungslernen ist ein zyklischer, spiralförmiger Prozess von Tun, Reflexion und Veränderung. Es ist immer ganzheitlich, da es Fühlen, Denken und Handeln gleichwertig fordert. Expertise in einem Handlungsfeld wird durch vielfältige Erfahrungen in variierenden Situationen erworben. Durch wiederholte und vertiefende Lernprozesse stehen Ressourcen und Kompetenzen situativ flexibel und spontan zur Verfügung. Erfahrungslernen benötigt daher Zeit und Wiederholung.

David A. Kolb entwickelte, gestützt auf die Arbeiten von Dewey, Piaget, Lewin und Guilford, ein Modell des Erfahrungslernens (vgl. Kolb, 1984). Er unterscheidet vier Phasen der Kompetenzentwicklung, die zyklisch immer wieder durchlaufen werden:

- Konkrete Erfahrung: Lernen von Gefühlen durch Tun (Lernen am Effekt)

- Reflektierendes Beobachten: Lernen durch differenzierte Wahrnehmung (Lernen am Modell)
- Verallgemeinern: Lernen durch Abstrahieren, Analyse und Theoriebildung (kognitiv-sinnhaltiges Lernen)
- Aktives Experimentieren: Lernen durch Variation von Lösungsmöglichkeiten und durch Anpassung an veränderte Problemstellungen (problemlösendes Lernen)

Abbildung 7: Erfahrungslernen – Lernzyklus (nach Kolb, 1984)

Im mehrmaligen Durchlaufen des Lernzyklus entwickeln sich Wissen und Können spiralförmig weiter. Neues steht gefestigt, vielseitig verknüpft und bereit für spontanes Handeln im Alltag erst zur Verfügung, wenn es in allen Bereichen des Lernzyklus vertieft wurde. Dabei ist unwichtig, wo der Einstieg geschieht, ob abstrakt über theoretische Informationsaufnahme (vom Wissen zum Handeln) oder praktisch durch konkretes Tun (vom Handeln zum Wissen). Ein didaktischer Zugang ist in allen vier Phasen möglich, wichtig ist, dass der ganze Zyklus durchlaufen wird. Die Veränderung von eingeschliffenen Gewohnheiten kann beispielsweise auf der kognitiven Ebene bei der Handlungsabsicht ansetzen, aber ebenso gut beim simplen Einüben von Verhaltensalternativen. Die Wahl des geeigneten Einstiegs ist abhängig von den weiteren Rahmenbedingungen wie Zielgruppe, Themenbereich oder Lehr-/Lernumfeld. Unter Umständen ist es bildungswirksamer, die Menschen direkt mit Handlungssituationen zu konfrontieren, als Ressourcen (z. B. Wissen) zu vermitteln oder an das Gewissen (Einstellungen) zu appellieren.

Im Modell von Kolb wird sichtbar, dass für den Kompetenzaufbau konkretes Tun, reflexives, beobachtendes Lernen, analytisch-begriffliches Lernen und exploratives Lernen gleich wichtig sind. Erfahrungslernen beschränkt sich nie auf einen einzigen Lernprozess. Nach der Systematik von Nolting und Paulus (1999) sind daran mindestens Lernen am Effekt, Lernen am Modell und kognitiv-sinnhaltiges Lernen beteiligt. Bei der didaktischen Planung gilt es, Lernarrangements zu finden, die alle diese Prozesse in Gang setzen und im Sinn des Lernzyklus miteinander verknüpfen. Die didaktische Aufgabe besteht in erster Linie darin, Lernumgebungen zu gestalten und lernwirksame Situationen zu finden, in denen aktives Tun, Reflexion und Exploration möglich sind.

### 5.3.5 Didaktischer Ansatz: Einstellungsarbeit

Der Bildungsgegenstand von Einstellungsarbeit (vgl. auch Abschnitt 4.4) ist die Innenwelt der Lernenden. Bei Einstellungsarbeit geht es nicht um die objektive Erkundung oder Bewertung eines Sachverhalts, sondern um seine subjektive Bedeutung, also um den Aufbau oder die Veränderung eines subjektiven Konstrukts. Darin unterscheidet sich die Arbeit an Einstellungen von den meisten Bildungsanliegen in der formalen Bildung, vor allem in der Tertiärstufe (Berufsbildung, Hochschulen). Diese befassen sich mehrheitlich damit, die Außenwelt zu verstehen und zu gestalten. Einstellungsarbeit schließt immer auch die Klärung von Emotionen ein. Einstellungen sind durch Lebenserfahrung gefestigt, in der Psyche breit verankert und nur teilweise bewusst. Sie erfüllen wichtige stabilisierende Funktionen und sind deshalb relativ resistent gegen Veränderungen. Aufbau und Veränderung von Einstellungen folgen grundlegend anderen Gesetzmäßigkeiten als der Erwerb von Wissen oder Fertigkeiten. Die kognitive Dimension kann wichtig sein, bleibt aber stets ein Teilaspekt. Dreh- und Angelpunkt der didaktischen Planung ist die emotionale Dimension. Die Veränderung von Einstellungen greift zudem in einem hohen Maß in die Persönlichkeit der Lernenden ein.

Die Sicherung des individuellen Selbstbestimmungsrechts wird dadurch zu einem wichtigen Planungsfaktor.

Die Literatur zur didaktischen Arbeit an Einstellungen ist eher spärlich, insbesondere zur Einstellungsarbeit in einem nichtdirektiven, emanzipationsfördernden Bildungsverständnis. Wer sich mit einstellungsbezogener (Umwelt-)Erwachsenenbildung beschäftigt, wird nicht um eine Entdeckungsreise in benachbarte Fachgebiete herumkommen. In den Bereichen Persönlichkeitsentwicklung, Individualpsychologie, kirchliche Erwachsenenbildung, Marketing und Werbung, politische Bildung und Politmarketing gibt es vieles zu entdecken, was sich in die nichtmanipulative Umweltbildung übernehmen oder zumindest transponieren lässt. Drei Bereiche lassen sich als unabdingbare Voraussetzung für Einstellungsveränderungen identifizieren:

- Damit Einstellungen für eine Veränderung zugänglich werden, müssen sie infrage gestellt werden. Die Konstruktivisten sprechen von Irritation, Störung oder – in den Worten von Maturana und Varela (1987) – von Perturbation. Der Kognitivist Leon Festinger (1957) beschreibt die Wahrnehmung von kognitiver Dissonanz als Veränderungsgrund, und die Erlebnispädagogik spricht von Grenzerfahrungen, in denen die Lernenden aus ihrer Komfortzone geführt und in eine von Unsicherheit geprägte Lernzone geführt werden.
- Damit neue Erfahrungen und Informationen nicht von vornherein abgelehnt oder verdrängt werden, sind in der didaktischen Planung Hilfestellungen einzuplanen, welche die Orientierungs-, Integritäts- und Adaptationsfunktion für neue Einstellungen stützen.
- Damit eine neue oder veränderte Einstellung handlungswirksam werden kann, muss sie im Lebenskontext des Individuums zu tragbaren Konsequenzen führen. Die neue Einstellung muss viabel, das heißt in der Lebenswelt umsetzbar sein. In einer Bildungsmaßnahme müssen deshalb stets auch der Transfer in den Alltag, mögliche Hürden sowie Handlungsstrategien für den Umgang mit den Hürden thematisiert werden.

Für die Arbeit an Einstellungen bieten die drei Komponenten Affekt, Kognition und Verhaltensbereitschaft sowie die drei psychologischen Funktionen Orientierungs-, Integritäts- und Adaptationsfunktion didaktische Ansatzpunkte. Zuvorderst steht die Arbeit an denjenigen Einstel-

lungsfaktoren, die von der Umweltbildungsforschung als besonders verhaltensrelevant bewertet werden. Es sind dies:
- Umweltsensibilität,
- Haltung gegenüber dem Problem,
- Haltung gegenüber dem erforderlichen Verhalten,
- positive Selbstwirksamkeitsüberzeugung,[3] Kontrollüberzeugung,
- Handlungsbereitschaft und Handlungsabsicht,
- persönliche Verpflichtung, zur Problemlösung beizutragen.

Wie aus den drei Funktionen von Einstellungen ersichtlich wird, berührt die Arbeit an Einstellungen immer sowohl Selbst- als auch Sach- und Sozialkompetenzen. Da der Bildungsgegenstand die Innenwelt der Lernenden ist, steht die Selbstkompetenz im Vordergrund. Je höher die Selbstregulationsfähigkeit einer Person ist, desto einfacher wird es ihr fallen, sich auf Einstellungsarbeit einzulassen. Je geringer die Selbstregulationsfähigkeit ist, desto mehr muss diese zum Inhalt eines Bildungsangebots werden. Sachkompetenzen spielen eine Rolle, da das vertiefte Wissen in einem Themenbereich die Einstellung zum Thema nachweislich beeinflusst – zum Beispiel zu einem Umweltproblem, zu möglichen Problemlösungen, zum persönlichen Beitrag, den jemand leisten kann, oder zu den Handlungskonsequenzen bei falschem Verhalten. Sozialkompetenzen spielen eine wichtige Rolle, da Einstellungen stark durch das soziale Umfeld geprägt sind und erst im sozialen Austausch gefestigt werden.

Ein Lernsetting für Einstellungsarbeit soll bestehende Einstellungen infrage stellen, die dadurch ausgelöste Irritation zulassen und ihre Bearbeitung begleiten. Das geschieht, indem alternative Deutungen und Handlungsvarianten angeboten werden, durch gezielte Interventionen auf der Metaebene oder durch die Ermöglichung von Diskussion und Austausch zwischen den Teilnehmenden. Methodisch eignet sich dafür ein prozessorientiertes Vorgehen mit herausfordernden Aufgabenstellungen sowie reflexiven und sozialen Lernformen. Reflexives Lernen, das Nachdenken über das eigene Erleben, Denken und Tun, kann Einstellungsänderungen beschleunigen, ebenso kommunikatives Lernen, bei dem sich die eigenen Einstellungen an denen anderer reiben kön-

---

3  Zur Entwicklung der Selbstwirksamkeitsüberzeugung vgl. Flammer 2003, S. 256 ff.

nen. Da Einstellungen im sozialen Austausch erworben werden, ist die Kommunikation mit Mitmenschen, der Austausch über Deutungsmuster sowie über Konsequenzen, Umsetzungsstrategien und Umsetzungshürden für Einstellungsänderungen besonders wirkungsvoll. Die reflexive und kommunikative Auseinandersetzung mit Einstellungen kann beispielsweise über die drei Einstellungskomponenten nach Rosenberg und Hovland (vgl. Abschnitt 4.4) angeregt werden:

- Affekt: Welche Gefühle/Emotionen löst ein Sachverhalt, eine Idee, Ideologie, eine Person, Gruppe oder ein Objekt bei mir aus?
- Kognition: Welche Wahrnehmungsmuster und Gedanken werden dabei aktiviert? Welches Wissen, welche Deutungen und Deutungsmuster sind mit einer bestimmten Einstellung verbunden?
- Verhaltensbereitschaft: Welche Einstellung drückt sich in meinem tatsächlichen Handeln aus?

Die Steuerung der Lernprozesse bleibt weitestgehend bei den Lernenden selbst. Sie bestimmen, was thematisierbar ist und was nicht und wie weit der Bearbeitungsprozess gehen soll. Aufgabe einer didaktischen Planung ist es, anregende Lernarrangements bereitzustellen, die entstehenden Prozesse aufzunehmen und eng zu begleiten. Die Begleitung stellt sicher, dass Einzelpersonen und Gruppen in der Lage sind, den Weg von der Reflexion bis zum Transfer in den Alltag zu gehen, sofern sie dies wünschen. Einstellungsarbeit in einer nichtmanipulativen Didaktik orientiert sich am erlebnispädagogischen Grundsatz der »challenge by choice«. Sie schafft Lerngelegenheiten mit Ausstiegsmöglichkeiten.

Bewusste Lernprozesse, wie oben beschrieben, sind in der Einstellungsarbeit möglich, sofern die Lernenden bereit sind, sich reflexiv mit sich selbst und dem Thema auseinanderzusetzen. Fehlt diese Bereitschaft, werden Bildungsmaßnahmen schnell zu wirkungslosen Beschäftigungsprogrammen. Als Ausweg bleiben dann Bildungsstrategien, die auf unbewusstes Lernen setzen. Über praktisches Tun oder affektiv, über eindrückliche Erlebnisse im sozialen Kontakt, sind Einstellungen oftmals leichter zugänglich als rein kognitiv.

Wer gemeinsam mit anderen an einer ökologischen Aufwertung in seiner Wohngemeinde mitarbeitet, wird durch Erlebnisse, informell erworbenes Naturwissen und die erfahrenen Einstellungen der anderen Beteiligten einen breiteren Bezug zu Naturschutzanliegen entwickeln als jemand, der sein Leben naturfern verbringt. Gemeinsame Aktivitäten können für ein Thema sensibilisieren, Interesse an zusätzlichem Wissen wecken und die Haltung gegenüber dem Thema verändern. Idealerweise werden mehrere Zugänge (emotional, kognitiv, praktisch, sozial) gleichzeitig genutzt, denn der Wirkungszusammenhang ist nicht so linear, wie es sich die Naturschutzerziehung mit der Formel »kennen – lieben – schützen« einmal vorgestellt hat. Bildungswirkung bleibt indirekt und kann nicht zuverlässig vorausgesagt werden. Für Einstellungsveränderungen sind Wissen, Gefühle und Handlungsbereitschaften wichtig; folglich müssen alle drei Dimensionen angesprochen werden, auch im Modus des informellen, unbewussten Lernens.

Grundlegende Konzepte und Vorgehensweisen für die Arbeit an Einstellungen finden sich auch in der Theorie der transformativen Erwachsenenbildung im folgenden Abschnitt.

### 5.3.6 Didaktischer Ansatz: Transformatives Lernen

Der Bildungsinhalt von transformativem Lernen ist, wie bei der Einstellungsarbeit, die Innenwelt der Lernenden. Der Ansatz geht aber einen Schritt weiter und will die grundlegenden Wahrnehmungs- und Denkfilter der Welterschließung und Weltbegründung verändern. Transformatives Lernen ist ein Konzept aus der Erwachsenenbildung, das sich aufbauend auf zahlreiche Vorläufer entwickelt hat. 1991 wurde es von Jack Mezirow erstmals formuliert (vgl. Mezirow, 1997) und vor allem ab dem Jahr 2000 von anderen Wissenschaftlern aufgenommen und ausgearbeitet.

Das Lernen Erwachsener unterscheidet sich von dem Heranwachsender darin, dass neue Lernerfahrungen auf gefestigte Annahmen, Erwartungen, Einstellungen und Gewohnheiten treffen. Diese Deutungsmuster wirken als Filter und lassen nur eine selektive Aufnahme und Interpretation von Neuem zu. Transformatives Lernen setzt, bezogen auf das Brückenmodell, bei der Veränderung der »subjektiven Realität« an (vgl. Abschnitt 4.2). Einschränkende Deutungen sollen durch die Lernenden als solche erkannt und durch neue, passendere Deutungen ersetzt werden. Dadurch wird der Weg frei für Einstellungsänderungen, ein neues Selbstverständnis und neue Weltsichten. Mezirow nennt diesen Vorgang Perspektiventransformation bzw. Transformation von Bedeutungsperspektiven. Der Blickwinkel auf die Welt verändert sich in einem Lernprozess, und damit werden bisherige Wahrheiten zweifelhaft, und bisher vernünftig scheinende Lösungen verlieren ihre Sinnhaftigkeit. Transformatives Lernen ist immer mit Phasen des Zweifelns und der Unsicherheit verbunden, erschafft dafür aber neue Deutungen und ermöglicht völlig neue, bisher undenkbare Lösungen für das Individuum und die Gesellschaft.

Wie viele psychologisch fundierte Bildungskonzepte lässt sich der Ansatz der transformativen Bildung auf unterschiedliche soziale Ebenen, vom individuellen Lernprozess auf kollektive Lernprozesse transponieren. Kooperativ-kollektive Lernprozesse von Gruppen, organisationales Lernen oder gesellschaftliche Transformation können anhand der Theorie des transformativen Lernens verstanden und begleitet werden.

Die Theorie des transformativen Lernens basiert auf den folgenden Vorannahmen: Jeder Mensch konstruiert sein individuelles Wirklichkeitsbild aufgrund seiner Biografie. Im Prozess des Lernens schreibt er seinen Erlebnissen – das sind sinnliche und kognitive Informationen und die dazugehörigen Emotionen – Bedeutungen zu und entwickelt so eine Weltsicht und ein Selbstbild. Parallel dazu entwickeln sich Bedeutungsperspektiven, welche die Aufnahme und Interpretation von neuen Erfahrungen lenken. Bedeutungsperspektiven bilden eine selektive mentale Landkarte, auf der die Bedeutungszuschreibung geschieht. Sie formen und begrenzen die Wahrnehmung, das Fühlen und Denken. Überspitzt formuliert: Das Lernen von Erwachsenen basiert häufig auf falschen Annahmen, da diese durch die bisher möglichen biografischen Erfahrungen begrenzt sind. Weltsicht und Selbstverständnis, als Resultat der bis zum aktuellen Zeitpunkt gemachten Erfahrungen und Bedeutungszuschreibungen, sind immer eingeschränkt, da sie auf dem begrenzten Erfahrungsraum eines individuellen Lebens und auf selektiver Wahrnehmung beruhen.

Angebote transformativer Bildung fördern die Aufdeckung von falschen oder einschränkenden Prämissen der Wahrnehmung, des Fühlens und Denkens. Durch die Unterstützung der Perspektiventransformation öffnen sie den Blick für ein neues Selbstverständnis und eine neue Weltsicht. Lernarrangements der transformativen Bildung schaffen Erlebnis- und Erfahrungsmöglichkeiten, fördern die Auseinandersetzung mit unterschiedlichen Perspektiven und machen die Prämissen des eigenen Denkens, Fühlens und Handelns zum Thema. Die Lernenden reflektieren dabei soziale Normen, kulturelle Codes und soziale,

politische und wirtschaftliche Strukturen. Didaktische Aufgabe ist es, verantwortungsvoll den Kernprozess auszulösen und zu begleiten durch:
- Irritationen/Perturbationen bestehender Deutungen und Deutungsmuster,
- Dekonstruktion bisheriger Gewissheiten,
- Suche nach neuen Deutungen,
- Erprobung neuer Lösungswege.

Typische Zugänge sind: Erlebnisse, Austausch mit anderen, Metakognition, Konfrontation mit fremden Meinungen, mit ungewohnten Perspektiven oder mit eigenen Grenzen.

Transformatives Lernen, als didaktisch gestalteter Prozess, ist nur möglich, wenn die Lernenden bereit und in der Lage sind, ihr Selbst- und Weltbild reflexiv infrage zu stellen und dabei Unsicherheiten und emotionale Instabilitäten auszuhalten. Auslöser von transformativem Lernen sind oft kritische Lebensphasen oder unbefriedigende politische, soziale oder wirtschaftliche Lebensumstände, wie Gender- und Diversity-Themen oder Machtverhältnisse in Politik, Wirtschaft oder zwischen Nord und Süd. Bildungsarbeit sollte sich immer ihrer Grenzen bewusst sein. Sie grenzt sich von therapeutischer Arbeit ab. Dies gelingt, wenn sie die Selbstbestimmung und Selbstverantwortung der Lernenden bezüglich Zielsetzung, Bearbeitungstiefe und Lerntempo jederzeit gewährleistet.

Der didaktische Ansatz des transformativen Lernens fragt bei der Planung von Bildungsangeboten nach den Situationen, in denen die Grenzen des eigenen Denkens, Fühlens und Handelns erkennbar und für Reflexion und Austausch zugänglich werden. In der Umweltbildung ist transformatives Lernen insofern ein Kernprinzip, als der Erhalt tragfähiger Ökosysteme nicht ohne gesellschaftlichen Wandel zu bewältigen ist. In der Diskussion um nachhaltige Lebensentwürfe, nachhaltige Wirtschaft und nachhaltige Politik spielen die individuellen und kollektiv geteilten Bedeutungsperspektiven – wem und was wird wie viel Bedeutung zugesprochen? – eine zentrale Rolle. Ihre Veränderung ist ohne Perturbation und Dekonstruktion von Altem und ohne die Suche nach Neuem nicht möglich. Umweltbildung kann unter diesem Aspekt nicht als reine Wohlfühlpädagogik funktionieren. Sie muss bereit sein, konfliktträchtige Themen aufzugreifen und in der Diskussion zu halten, auch wenn sie damit immer wieder anecken wird.

**Empfohlene Vertiefungsliteratur**
- Rolf Arnold und Horst Siebert (2003). *Konstruktivistische Erwachsenenbildung. Von der Deutung zur Konstruktion von Wirklichkeit.* Baltmannsweiler: Schneider Verlag Hohengehren; S. 115–119: Perturbation – Krise – Reframing.
- Jack Mezirow (1997). *Transformative Erwachsenenbildung.* Baltmannsweiler: Schneider Verlag Hohengehren; S. 123–166: Perspektiventransformation: Wie Lernen zu Veränderungen führt.
- Edward W. Taylor, Patricia Cranton and Associates (2012). *The Handbook of Transformative Learning. Theory, Research, and Practice.* San Francisco: Jossey-Bass.

# GLOSSAR

Psychologische und bildungswissenschaftliche Termini werden in der Literatur nicht einheitlich gebraucht. Das Glossar klärt im Folgenden die Verwendung und gegenseitige Abgrenzung zentraler Begriffe in diesem Buch. Bei bildungswissenschaftlichen Begriffen orientiere ich mich in der Regel und wo nicht anders vermerkt an der Definition im »Wörterbuch Erwachsenenbildung« (vgl. Arnold, Nolda & Nuissl, 2010).

**Advance Organizer**
Von David Ausubel (1960) ursprünglich als Lehr-/Lernstrategie vorgestellt, werden Advance Organizers heute als beliebtes Mittel der nichtlinearen Didaktik eingesetzt. Der Advance Organizer geht der eigentlichen Stoffvermittlung voraus. Er schafft für die Lernenden eine mentale Landkarte, die die Inhalte des zu behandelnden Themas vernetzt visualisiert.

**Alltag** (z. B. in Alltagsorientierung, Alltagshandeln)
Synonym verwendet zu »lebensweltliche Realität«. Bezieht sich auf das didaktische Prinzip »Lebenswelt- oder Alltagsorientierung«, das auf typische Lernschwierigkeiten im Erwachsenenalter reagiert. »Alltag« drückt darin aus, dass didaktische Entscheidungen und didaktisches Handeln von der Lebensrealität der Lernenden her geplant werden. Alltagsbezug bedingt, dass wissenschaftlich systematisiertes Wissen in zielgruppengerechte Zusammenhänge gebracht und anknüpfend an die Vorerfahrungen der Zielgruppe vermittelt wird. Ziel ist die Anschlussfähigkeit von Sprache, Denkstrukturen, Beispielen, Analogien, Verwendungs-

zweck des zu Lernenden usw. an die lebensweltlichen Erfahrungen und Vorkenntnisse der Zielgruppe.

**Bedingungsfeld – Entscheidungsfeld**
Konzeptionelle Felder für die Bildungsplanung. Außerhalb der festgelegten Lehrpläne in der formalen Bildung gilt es zu Planungsbeginn stets zu klären, welche Rahmenbedingungen für ein Bildungsangebot vorgegeben (Bedingungsfelder) und welche im Rahmen der Planung gestaltbar (Entscheidungsfelder) sind.

**Bildung – Lernen**
Unter *Bildung* wird die bewusste und unbewusste Aneignung von Kompetenzen verstanden, die für ein gelingendes Leben notwendig sind. Dieser Bildungsbegriff unterscheidet sich grundsätzlich vom humanistischen Bildungsbegriff der »zweckfreien Erschließung kultureller Wissensbestände«. Gebildet ist nicht, wer viel Wissen hat, sondern wer die Anforderungen seines Lebens auf positive Weise autonom meistert und Mitverantwortung übernimmt für seine soziale, kulturelle (durch den Menschen gestaltete) und physische Umwelt. Bildung basiert auf Lernprozessen.
Unter *Lernen* wird die relativ überdauernde Veränderung von Erleben und Verhalten aufgrund von Erfahrungen (sinnlichen Wahrnehmungen, Emotionen, Gedanken) verstanden. Lernen verändert die Disposition einer Person. Im Lernprozess werden sowohl mentale (»geistige«) als auch neuronale (organische) Strukturen verändert. Lernen ist nicht Abbildung einer objektiven Realität im Gehirn, sondern Konstruktion einer eigenen inneren Realität. Es ist prinzipiell selbstgesteuert und selbstreferenziell im Sinne der Systemtheorie. Die lernende Person, verstanden als System, das sich gegen seine Umwelt abgrenzt, entscheidet nach einer inneren, bewussten oder unbewussten Logik, was lernbar und sinnvoll ist. Lernen kann von außen – durch Lehrende oder Situationen – angeregt, aber nicht erzeugt werden. Aussagen zum didaktischen Handeln beziehen sich somit immer auf eine »Ermöglichungsdidaktik« im Sinn von Arnold, Nolda und Nuissl (2010).

## Didaktisches Handeln

Sowohl Lernen als auch Bildung sind im skizzierten Bildungsverständnis Aktivitäten der lernenden Person. Da Bildung von außen nicht erzeugt, sondern nur ermöglicht werden kann, müssen die Begriffe »Pädagogik«, »pädagogisches Handeln«, »Lehren« usw. grundsätzlich hinterfragt werden. Pädagogik kann wörtlich als »Kinderführung« übersetzt werden. Der Begriff impliziert ein Wissens- und Autoritätsgefälle – der wissende Führer und der unmündige zu Führende – ein Gefälle, das aus einer systemisch-konstruktivistischen Perspektive, und besonders augenfällig im Kontext des lebenslangen Lernens, nicht vorausgesetzt werden darf. Der Einfluss und die Tätigkeit der »Lehrenden« beschränkt sich im Lehr-/Lernprozess auf eine umsichtige Planung und Gestaltung von Erlebnis-, Erfahrungs- und Lernmöglichkeiten. Aus diesem Grund wird im vorliegenden Text durchgehend der Begriff »didaktisches Handeln« verwendet. Der deutsche Erwachsenenbildner Horst Siebert beschreibt didaktisches Handeln als die Vermittlung zwischen der Sachlogik des Bildungsinhalts und der Psychologik des/der Lernenden. Die Sachlogik ergibt sich aus den Strukturen und Zusammenhängen der Thematik, die Psychologik berücksichtigt die Lern- und Motivationsstrukturen der Adressaten und Adressatinnen (vgl. Siebert, 2012, S. 10).

## Didaktisches Handlungsfeld

Ein didaktisches Handlungsfeld umfasst im Brückenmodell ein abgrenzbares Bündel von verhaltenssteuernden Faktoren, die sich mit didaktischen Mitteln beeinflussen, also in von außen angeregten Lernprozessen verändern lassen. Die Abgrenzung dient in erster Linie der Orientierung in einem komplexen Wirkungsgefüge. Mit der Bezeichnung als Handlungsfeld erfolgt keinerlei Festlegung auf Methoden, Lernwege oder didaktische Handlungsebenen.

## Erlebnis – Erfahrung

*Erlebnis:* Gewahrwerden des eigenen Innenlebens, Wahrnehmung von Emotionen, ausgelöst durch sinnliche Wahrnehmungen oder kognitive Anregungen.
*Erfahrung:* Reflektiertes, verstandenes Erlebnis. Die Erfahrung schreibt einem Erlebnis eine Bedeutung zu.

**Gewohnheit**
Wird verwendet für habitualisiertes Verhalten, also für Handlungsweisen, auf die im Alltagshandeln bevorzugt zurückgegriffen wird (nicht jedoch für relativ einfache, eingeschliffene Verhaltensweisen wie Körperhaltung, Gang usw.).

**Handeln – Verhalten**
*Handeln:* Beobachtbares Verhalten einschließlich der inneren Prozesse, von denen es gesteuert wird. Mit Handeln wird im vorliegenden Text nur Verhalten bezeichnet, das eine gewisse Komplexität aufweist und durch bewusste Entscheide oder automatisierte Handlungsmuster gesteuert wird (also nicht Reflexe oder unwillkürliche Äußerungen).
*Verhalten:* Beobachtbare Aktivität/Äußerung einer Person.

**Mikrodidaktisch – makrodidaktisch**
Didaktisches Handeln lässt sich grob in zwei Bereiche gliedern:
*Mikrodidaktisches* Handeln beschäftigt sich mit der Gestaltung von konkreten Lehr-/Lernsituationen, z. B. Unterrichtsplanung.
*Makrodidaktisches* Handeln umfasst die organisatorische und planerische Ebene zur Schaffung günstiger Rahmenbedingungen, unter denen sich Lernen und Bildung ereignen können. Es reicht von der Curriculumsentwicklung über die Gestaltung räumlicher oder institutioneller Rahmenbedingungen bis hin zu bildungspolitischen Maßnahmen. Für eine differenzierte Betrachtung siehe »Wörterbuch Erwachsenenbildung« (Arnold, Nolda & Nuissl, 2010) unter »Didaktik« und »Didaktische Handlungsebenen«.

**Verhaltenswirksame Umweltbildung**
Unter verhaltenswirksamer Umweltbildung wird didaktisches Handeln verstanden, das Lern- und Bildungsprozesse anstößt und begleitet, die sich auf das beobachtbare Verhalten auswirken. Lernprozesse bedingen die Veränderung von Dispositionen, also Verhaltensvoraussetzungen. Bildungsprozesse erfordern den Aufbau von Kompetenzen, die umweltbewusstes Handeln ermöglichen. Das Ziel von verhaltenswirksamer Umweltbildung geht über die Entwicklung von Umweltbewusstsein hinaus. Als Bildungswirkung soll bei den Lernenden umweltbewusstes Verhalten im Alltag sichtbar werden.

# LITERATURVERZEICHNIS

Ajzen, I. (2016). *Overview* (19.3.2016). Abgerufen am 26.10.2016 von www.socialpsychology.org.

Alt, F. (2006). *Die Sonne schickt uns keine Rechnung* (5. Aufl.). München: Piper.

Arnold, R. (2006). Referat in Zürich am 20.9.2006. Zürich.

Arnold, R., Nolda, S. & Nuissl, E. (2010). *Wörterbuch Erwachsenenbildung.* (2., überab Aufl.). Bad Heilbrunn: Klinkhardt (Online-Ausgabe).

Arnold, R. & Siebert, H. (2003). *Konstruktivistische Erwachsenenbildung. Von der Deutung zur Konstruktion von Wirklichkeit.* Baltmannsweiler: Schneider Verlag Hohengehren.

Ausubel, D. P. (1960). The use of advance organizers in the learning and retention of meaningful verbal material. *Journal of Educational Psychology, 51*(5), S. 267–272.

Beyersdorf, M., Michelsen, G. & Siebert, H. (1998). *Umweltbildung. Theoretische Konzepte, empirische Erkenntnisse, praktische Erfahrungen.* Neuwied: Luchterhand.

Bieri, P. (2005). *Wie wäre es, gebildet zu sein?* Festrede am 4. November. Pädagogische Hochschule Bern.

Bolscho, D. & Haan, G. de (Hrsg.) (2000). *Konstruktivismus und Umweltbildung* (Bd. 6). Opladen: Leske + Budrich.

Borkowsky, A. & Zuchuat, J.-C. (2006). *Lebenslanges Lernen und Weiterbildung, Bestandesaufnahme der internationalen Indikatoren und ausgewählte Resultate.* Neuenburg: Bundesamt für Statistik (BFS).

Brodowski, M. u. a. (2009). *Informelles Lernen und Bildung für eine nachhaltige Entwicklung. Beiträge aus Theorie und Praxis.* Opladen: Barbara Budrich.

Cranmer, M., Bernier, G. & Erlach, E. v. (2013). *Lebenslanges Lernen in der Schweiz – Ergebnisse des Mikrozensus Aus- und Weiterbildung 2011.* Neuenburg: Bundesamt für Stastistik (BFS).

Ernst, A. (1997). *Ökologisch-soziale Dilemmata.* Weinheim: Psychologie Verlags Union.

Fachkonferenz Umweltbildung (2014). *Umweltbildung: Positionspapier der Fachkonferenz Umweltbildung.* Bern: éducation 21.

Faure, E. u. a. (1972). *Learning to Be: The World of Education Today and Tomorrow.* Paris: UNESCO.

Festinger, L. (1957). *A Theory of Cognitive Dissonance.* Stanford CA: Stanford University Press.

Fietkau, H. & Kessel, H. (1981). *Umweltlernen.* Königsstein/Ts.: Hain.

Fishbein, M. & Ajzen, I. (2010). *Predicting and changing behavior: The reasoned action approach.* New York: Psychology Press.

Flammer, A. (2003). *Entwicklungstheorien – Psychologische Theorien der menschlichen Entwicklung* (3. Aufl.). Bern: Hans Huber.

Furrer, H. (2000). *Ressourcen – Kompetenzen – Performanz – Kompetenzmanagement für Fachleute der Erwachsenenbildung.* Luzern: AEB Akademie für Erwachsenenbildung (Aus der Praxis für die Praxis, Nr. 23).

Grunenberg, H. & Kuckartz, U. (2007). Umweltbewusstsein. Empirische Erkenntnisse und Konsequenzen für die Nachhaltigkeitskommunikation. In G. Michelsen & J. Godemann (Hrsg.), *Handbuch Nachhaltigkeitskommunikation* (S. 197–208). München: oekom.

Haan, G. de (2008). *Gestaltungskompetenz als Kompetenzkonzept der Bildung für nachhaltige Entwicklung.* Wiesbaden: VS Verlag für Sozialwissenschaften.

Haan, G. de & Kuckartz, U. (1996). *Umweltbewusstsein – Denken und Handeln in Umweltkrisen.* Opladen: Westdeutscher Verlag.

Högg, R. & Köng, A.-L. (2016). *Nudging im Bereich Umwelt und Nachhaltigkeit.* St. Gallen: Stiftung Risiko-Dialog.

Kolb, D. (1984). *Experiental Learning. Learning Style Inventory.* Upper Saddle River, NJ: Prentice Hall.

Kuckartz, U. & Haan, G. de (1996). *Umweltbewusstsein. Denken und Handeln in Umweltkrisen.* Opladen: Westdeutscher Verlag.

Kuckartz, U. & Rheingans-Heintze, A. (2006). *Trends im Umweltbewusstsein – Umweltgerechtigkeit, Lebensqualität und persönliches Engagement* Wiesbaden: VS Verlag für Sozialwissenschaften.

Künzel, K. (2005). Informelles Lernen – Selbstbildung und soziale Praxis. *Internationales Jahrbuch der Erwachsenenbildung, 31/32.* Köln: Böhlau.

Kyburz-Graber, R., Halder, U., Hügli, A. & Ritter, M. (2001). *Umweltbildung im 20. Jahrhundert – Anfänge, Gegenwartsprobleme und Perspektiven.* Münster: Waxmann.

Kyburz-Graber, R., Rigendinger, L. & Hirsch Hadorn, G. (1997). *Sozio-ökologische Umweltbildung.* Hamburg: Kramer.

Landwehr, N. (2008). *Neue Wege der Wissensvermittlung* (7. Aufl.). Oberentfelden: Sauerländer.

Le Boterf, G. (2015). *Construire les compétences individuelles et collectives* (7. Aufl.). Paris: Eyrolles.

Maturana, H. & Varela, F. (1987). *Der Baum der Erkenntnis.* Bern: Sderz.

Mezirow, J. (1997). *Transformative Erwachsenenbildung.* Baltmannsweiler: Schneider Verlag Hohengehren.

Nolting, H.-P. & Paulus, P. (1999). *Psychologie lernen.* Weinheim: Beltz.

Siebert, H. (2000). Der Kopf im Sand – Lernen als Konstruktion von Lebenswelten. In D. Bolscho & G. de Haan (Hrsg.), *Konstruktivismus und Umweltbildung* (S. 15–32). Opladen: Leske + Budrich.

Siebert, H. (2012). *Didaktisches Handeln in der Erwachsenenbildung – Didaktik aus konstruktivistischer Sicht* (7. Aufl.). Augsburg: Ziel.

Taylor, E. W., Cranton, P. & Associates (2012). *The Handbook of Transformative Learning – Theory, Research and Practice.* San Francisco: Jossey-Bass.

Thomas, A. (1991). *Grundriss der Sozialpsychologie,* Bd. 1. Göttingen: Hogrefe.

Wahl, D., Wölfing, W., Rapp, G. & Heger, D. (1995). *Erwachsenenbildung konkret – mehrphasiges Dozententraining* (4. Aufl.). Weinheim: Deutscher Studienverlag.

WBGU (2011). *Hauptgutachten Welt im Wandel. Gesellschaftsvertrag für eine Grosse Transformation.* Berlin: WBGU – Wissenschaftlicher Beirat der Bundesregierung Globale Umweltveränderung.

Welzer, H. (2015). *Selbst denken – Eine Anleitung zum Widerstand.* Frankfurt am Main: Fischer.

Welzer, H. & Sommer, B. (2014). *Transformationsdesign – Wege in eine zukunftsfähige Moderne.* München: oekom.

Wenger-Trayner, E. u. a. (2014). *Learning in landscapes of practice. Boundaries, identity, and knowledgeability in practice-based learning.* London: Routledge.

Zimbardo, P. & Gerrig, R. (2004). *Psychologie.* München: Pearson Education.

**Rolf Arnold**

## ENTLEHRT EUCH!

**Ausbruch aus dem Vollständigkeitswahn**

Was, wenn die Bildung des Menschen über all die Jahrhunderte hinweg auf falschen Grundpfeilern ruhte? Das institutionalisierte Lernen folgt einer langen Tradition, die faktisch nicht mehr haltbar ist. Dies zeigt sich auch in den Ergebnissen der lern- und neuropsychologischen Forschung. Rolf Arnold ruft dazu auf, dem Vollständigkeitswahn des Lernens Einhalt zu gebieten. Verabschieden wir uns vom Belehren und Disziplinieren und wenden wir uns stattdessen dem Lernen von innen her zu! Denn selbstgesteuert und motiviert lassen sich Lernprozesse weitaus nachhaltiger und fruchtbarer gestalten.

Gerhard Joos

**23 1/2°**

Geoastronomie im Alltag und auf Reisen, für Schule und Studium

Sie stehen im Herbstlaub und fragen sich: Wieso gibt es bei uns eigentlich vier Jahreszeiten? Und am Äquator keine? Man macht Ferien am Meer und wundert sich: Warum ist zweimal am Tag Flut, wenn doch die Gezeiten mit der Anziehungskraft des Mondes zu tun haben? Sie schauen hin und wieder in den Nachthimmel, finden den Polarstern immer am selben Ort und fragen sich: Steht der noch in 10 000 Jahren so? »23½°« versucht, solche und ähnliche Fragen, die sich einem zuweilen – oft unerwartet – stellen, zu beantworten. Der Autor prägt dafür den neuen Begriff »Geoastronomie« und macht uns 23½° als globales Maß bewusst. Das Buch ermöglicht ein entdeckendes Lernen der astronomischen Sachverhalte, die für diverse geografische Gegebenheiten relevant sind. Es richtet sich dabei sowohl an Jugendliche als auch an Lehrkräfte, die hier einen Fundus für ihren Unterricht vorfinden, aber ebenso an Studierende der Geografie, welche gezielt Wissenslücken schließen wollen. Insbesondere sind auch interessierte Erwachsene angesprochen, die sich etwa auf Reisen astronomisch-geografischen Fragen gegenübersehen.